Heinz von Lichem

ROMMEL 1917

Der ›Wüstenfuchs‹ als Gebirgssoldat

 HORNUNG VERLAG

ISBN 3-87364-038-4

© by Hornung-Verlag Viktor Lang München 1975
© aller Abbildungen und Faksimile (wenn nicht im Bildnachweis anders vermerkt) by Sylvia und Heinz von Lichem
    (»Gebirgskriegarchiv Lichem«)
Umschlag-Entwurf, Grafik, Layout, Typografie: Hans Wankmüller
Bildredaktion und Lektorat: Sylvia von Lichem
Lithographie: Krammer – Klischee- und Offsetreproanstalt,
Linz/Donau, Österreich
Satz, Druck, Bindearbeiten: Welsermühl, Wels
Printed in Austria

Inhalt

Vorwort

Rommel – wer war das? Was bedeutet der Name dieses Mannes über die Zeit hinweg? Warum ich dieses Buch machte? Zur Problematik dieses Buches:

Nun, Sie alle kennen Rommel, und jede nähere Erklärung erübrigt sich – Sie denken an Rommel den Wüstenfuchs, Sie denken an den genialen Feldherrn, der blitzschnell entschied und in umfassenden Aktionen den Gegner überwältigte. Sie denken an Rommel, der bis in die letzte Konsequenz seines Lebens Ehrenmann blieb.

Wir denken an Rommel, für den der Gegner niemals Feind war, sondern immer Mensch, und wir denken an Rommel, der der beste Kamerad seiner Soldaten, seiner Gefährten war. Aber: Die meisten Menschen assoziieren mit Rommel die Begriffe »Krieg in der Wüste«, »Afrika«, »Weltkrieg-II« und »20. Juli 1944«.

Das Leben eines Menschen liegt – ebenso wie unser aller Leben – zu maßgebenden Teilen in der Vergangenheit begründet. In jener Vergangenheit, in welcher die Zeit der Prägung, Formung und endgültigen Bewußtseinsbildung zu finden ist – menschlich wie beruflich –, in den Jahren des jungen Mannes. Und darüber handelt dieses Buch. –

Wußten Sie, daß Rommel im Weltkrieg-I entscheidende Erfahrungen als Offizier machte? Wußten Sie, daß Rommel in ein historisches Geschehen gestellt wurde, das ihm und seiner Persönlichkeit freie Entfaltungsmöglichkeiten gab und das letzten Endes zur Prägung Rommels als Offizier und Feldherr des Weltkrieges-II wesentlich beitrug?

4

Rommel als Gebirgssoldat, als Kompanieführer, als freier Mann, da es nur auf die richtige Entscheidung ankam. Und Rommel an der Spitze, an der Tete der größten Schlacht, die an der Front gegen Italien geschlagen wurde: Vom Hochgebirge in die Tiefebene führte dieser Weg im Leben des jungen Offiziers.

Rommel 1917 – das war: die 12. Isonzoschlacht, der blutige Weg von Flitsch–Tolmein–Karfreit über den Tagliamento zum Piave und schließlich zum Massiv des Monte Grappa. Das war aber auch der Weg der soldatisch-kulturgeschichtlichen Prägung eines der bedeutendsten Feldherrn der Menschheit. In dieser Zeit der letzten Monate des Jahres 1917 und der ersten Wochen des Jahres 1918 wurde der Grundstein gelegt für das spätere militärische Verhalten Rommels. Hier – in diesem Geschehen – finden wir das Fundament für die Handlungen Rommels im Weltkrieg-II. Egal, ob auf dem Schlachtfeld, egal, ob als Führer der Panzerarmeen in Nordafrika und ebenso als Mann, der sich gegen Hitler wandte, ja wenden mußte.

So möchte ich daher über diesen zeitlich eng begrenzten Abschnitt des großen Feldherrn berichten, über diese gravierenden Monate des Jahres 1917 und der wenigen Tage des neuen Jahres 1918, die Rommel noch das Verweilen an der Front gegen Italien vergönnten. So soll dieses Buch einen wesentlichen Abschnitt seines Lebens bloßlegen. Vielleicht mag diese Verdeutlichung der jungen Soldatenzeit Rommels das Verständnis des Geschehens im Weltkrieg-II über Rommel erleichtern. –

In den bisherigen Werken über Rommel wird dieser Gesichtspunkt mehr oder weniger nur am Rande gestreift. Ich aber erachte es als notwendig, darüber mehr zu berichten. Für jene Leser, die mit der Materie weniger vertraut sind, habe ich zu Beginn des Buches auch das Leben Rommels im Weltkrieg-II abrißartig behandelt. Denn nur dadurch ist es möglich, das Weltkrieg-I-Schicksal eines der größten deutschen Feldherren-Genies zu verstehen. So entstand dieses Buch aus meinem Bedürfnis nach geschichtswissenschaftlich-historischer Betätigung.

Viele Jahre habe ich insgeheim daran gearbeitet. In dieser Zeit lernte ich meine spätere Gattin kennen. In einer 1000 Meter hohen Dolomitenfelswand beschlossen wir, unsere Leben gemeinsam zu gehen. Wenige Jahre danach entstand mein Buch »Der einsame Krieg«, das in diesem Augenblick, da ich diese Zeilen schreibe, zu einem großen nationalen und internationalen Erfolg wurde. Doch vor diesem Buch lag mein erstes Treffen mit Viktor Lang (Hornung Verlag), meinem Verleger und inzwischen längst Freund. Er erst machte mein erstes und dieses, mein zweites Buch möglich.

Ihm, Viktor Lang, gilt daher mein besonderer Dank. Gleichermaßen aber gilt mein Dank auch meiner Frau und ihrer Familie.

Von Herzen danke ich dem ehemaligen K. k. Oberleutnant Otto Kroutil und seiner Gemahlin. Jenem Mann, der bis heute das blieb, was er in seinem Herzen ist: kaiserlich-königlicher Offizier der Donaumonarchie – mit allem, was dazu gehört: Ehre, Ritterlichkeit, Güte, Herzenswärme.

Und nicht vergessen möchte ich meinen alten Freund Josef Anton Mayr, Altlandeshauptmannstellvertreter von Tirol (Standschütze in den Sextener Dolomiten, Kaiserschützen-Bergführeroffizier, Kommandant am Passo Segni/Adamello-Presanella 1915–18) und seine Gemahlin. Solange ich lebe, werden diese beiden Menschen mit dem Anfang und mit dem Ende meiner Arbeit verbunden sein.

Und so wie bei meinem ersten Buch danke ich wieder Hans Wankmüller, der das, was ich schrieb, als Fachmann in ein zeitgemäßes Buch umwandelte: Seine Typografie, sein Layout und sein Umschlag-Entwurf bilden die wesentliche Grundlage für dieses Buch. Ebenso danke ich Heinrich von Mast (Solbad Hall), dem bekannten Militärhistoriker, für seine langjährige Unterstützung meiner Arbeiten.

Von besonderer Bedeutung für meine Arbeit sind die Werke »Krieg ohne Haß« (herausgegeben von Frau Lucie-Maria Rommel und Generalleutnant Fritz Bayerlein), »Rommel« (verfaßt von Desmond Young), »Rommel« (verfaßt von Ronald Lewin) und schließlich die entscheidenden Aufzeichnungen Rommels »Infanterie greift an«.

Darüber hinaus danke ich meinen Freunden unter den Weltkrieg-I-Teilnehmern, den Männern, die mir das Aktenmaterial über die 12. Isonzoschlacht überlassen haben: Univ.-Prof. Dr. Dr. et Mag. Gustav Sauser (†), Hofrat Dr. Hermann Lechner (Solbad Hall, †) und den vielen Soldaten, die mir über diese Schlacht berichteten: Meinen Freunden. Ich selbst habe dies alles nur ausgewertet und in den Mittelpunkt meiner Arbeiten gestellt. Ich meine, daß dieses Buch den

Zweck hat, über einen kurzen, aber entscheidenden Lebensabschnitt Rommels Auskunft zu geben.

Vielleicht werden aus anderer Feder weitere Abhandlungen über zeitlich sehr eng begrenzte Lebensabschnitte dieses großen Mannes folgen. Mit diesem Buch möchte ich aber den Anfang machen. Denn ich betrachte es als das Recht meiner jungen 33 Jahre, dies zu tun, was andere nicht machten. Es ist die Freiheit des Schriftstellers, das zu tun, was er für notwendig hält. Auch wenn es der Zeit nicht zu entsprechen scheint. Nur der Erfolg entscheidet – der Verfasser muß es selber tragen. –

Selbstverständlich bin ich eine Prägung meiner Generation, und somit behalte ich mir das Recht vor, vieles freier zu sagen, zu schreiben – und zu postulieren. Aber ich belege es als Historiker, als Alpengeograph nach bestem, beweisbarem Wissen. Vielleicht schlägt dieses Buch eine Brücke zwischen der WK-I-, der WK-II- und meiner Generation. Wenn ja, dann hat diese Arbeit ihren Zweck erfüllt.

Görz (Gorizia), Frühjahr 1975

Widmung

Für den
K. k. Oberleutnant Otto Kroutil
und zur Erinnerung an die österreichisch-ungarischen
Soldaten mit ihren reichsdeutschen Kameraden:
Für die Männer, die jenen langen, grauenhaften und
ehrenvollen Weg abendländischer Pflichterfüllung
von Flitsch–Tolmein–Karfreit bis zum Monte Grappa
gingen.

1000 Geschütze brüllen auf ...

12. Isonzoschlacht, Oktober 1917: In wochenlangen Vorbereitungen sammelten sich die angreifenden verbündeten Truppen Österreich-Ungarns und des Deutschen Reiches in den Bergen und Tälern von Kronau bis in den Raum Flitsch–Tolmein–Karfreit. In unendlichen Mühen gelang es, Hunderte von schwersten Geschützen, Munitionslasten über die steilen Gebirgspässe in den Bereitstellungsraum für den geplanten Angriff zu schleppen. Gleichzeitig erfolgte eine minuziöse Planung für die Koordination der einzelnen Truppenkörper. In 11 gewaltigen Isonzoschlachten bluteten vorher die österr.-ung. Verteidiger aus, tränkten mit ihrem Leben den Boden des steinigen Karstes und gingen durch eine Hölle des Grauens.

Die 12. Isonzoschlacht soll nun die Befreiung aus der Umklammerung der heldenhaft kämpfenden italienischen Truppen bringen.

In analog zu erfolgenden Vorstößen aus den Bergen und durch die Täler soll die oberitalienische Tiefebene erreicht werden. Das Offensivziel ist der Lauf des Tagliamento – doch in Wirklichkeit erreichte die Offensive den Piave. Eine kaum vorstellbare Leistung!

Wie eine gespenstische Kette sammeln sich die Männer im Angriffsraum, aber ebenso in den eisigen Feldwachen und Schützengräben der hochalpinen Front. Wie ein unsichtbares Band legt sich der Wille der Angreifer über Gipfel, Berge, Gletscher und Täler: Diesem Willen wird der Gegner nichts entgegenhalten können.

Soldaten aller Nationalitäten der Donaumonarchie

stehen bereit neben ihren deutschen Verbündeten, die in höchster Not zur Unterstützung der Kräfte Altösterreichs herbeigeeilt waren. Diese Unterstützung durch deutsche Einheiten ermöglichte erst den großen Erfolg der Offensive.

24. Oktober 1917, 2 Uhr morgens:

Dunkel rauscht die Wand des Regens herab, grau und vor Kälte zitternd steht Mann neben Mann in den Bereitstellungen. Jeder einzelne ist von höchster innerer Anspannung erfaßt. Da – Punkt 2 Uhr setzt aus über 1000 Geschützen das Inferno ein. Ein urweltliches Beben, Krachen, Dröhnen erfüllt den gesamten Angriffsraum – die Welt erzittert in ihren Grundfesten. Der Gegner wird in seinen Stellungen festgenagelt, betäubt, getötet.

Im Licht des Tages setzen sich die Angreifer in Bewegung, die Artillerie wird auf die zweite Reihe der Italiener verlagert, im Geschoßhagel – wie unter einer Glocke aus Lärm und Tod – dringen die Soldaten Altösterreichs und des Deutschen Reiches in die ersten feindlichen Stellungen ein.

Gleichzeitig mit dem Vorstoß durch die Täler dringen schnell bewegliche Angriffsgruppen über die begleitenden Bergketten vor. Denn nur so ist es möglich, den Feind zu werfen: Im Talboden und flankierend auf den Berggipfeln ...

Zahlreiche Bergmassive stellen sich den Angreifern in den Weg: Kolovrat, Kuk, Stol, Matajur, Vrsic, und wie sie alle heißen. Wer die Berge beherrscht, kann in die Täler vordringen und sich hier mit den ebenfalls angreifenden Kameraden vereinen – vereinen zum Stoß in die Tiefebene. Die Wegnahme der Gipfel bedeutete für die italienischen Truppen den entscheidenden Schlag. Von allem Anfang an war klar, daß die angreifenden Truppen dafür auserlesene Einheiten bereithalten würden:

Tiroler Kaiserschützen, Tiroler Kaiserjäger, Deutsches Alpenkorps, Kärntner, Steirer, Slowenen, Kroaten, Bosniaken, Württemberger.

Das Württembergische Gebirgsbataillon stand bei der ganzen Offensive voran, gleichsam an der Tete. Ein junger Offizier mit dem Namen Rommel spielte hier wiederum eine bedeutende Rolle. Nicht nur als Kompanieführer oder als Offizier, der lokalen Geländegewinn errang – nein, als Mann, der die wichtigsten Lücken in die Kette der italienischen Front riß und der den Weg freischlug für die nachrückenden Gefährten.

Bereits damals zeigte dieser blutjunge Offizier, was für sein späteres Leben zur Norm werden sollte:

Blitzschnelles Handeln, listiges Vorgehen, Täuschung des Gegners, Angriff von unvermuteter Seite, gepaart mit einem hohen Maß geistiger Beweglichkeit. Dies zeigte sich besonders am Mte. Matajur:

Unter Umgehung der feindlichen Matajur-Stellung gelingt es der Abteilung Rommel, ganz nahe an die italienische Gipfelstellung heranzukommen. In aussichtsloser Lage ergeben sich die Italiener. Am 26. Oktober 1917, kurz vor 12 Uhr mittags, gehört der Matajur den Württembergern.

»... verkünden drei grüne und eine weiße Leuchtkugel, daß das Matajurmassiv gefallen ist ... Ringsum sehen wir in gewaltiger Sonne die strahlende Gebirgswelt. Weithin schweift der Blick: Im Nordwesten, 9 km entfernt, liegt der um 27 m höhere Stol, ge-

gen den die Flitscher Gruppe angesetzt ist … im Südwesten liegen die fruchtbaren Gefilde um Udine, das
Hauptquartier Cadornas. Im Süden schimmert als
schmaler Streifen die Adria. Daß ringsum Krieg ist,
daran erinnern die zwischen uns sitzenden Gefangenen, schwaches Artilleriefeuer und ein Luftkampf, bei
dem ein italienisches Flugzeug brennend in die Tiefe
stürzt. Von Nachbarn ist nichts zu sehen. –
Ich diktiere Leutnant Streicher den Gefechtsbericht, den Major Sproesser täglich verlangt« (Rommel).
52 Stunden nach Beginn der Offensive eroberte
Rommel den Matajur. Insgesamt überwand die Abteilung Rommel Höhenunterschiede von 2400 m bergauf, 800 m bergab. Fast 20 km drang man dabei in das
feindliche Gebiet hinein. Die Württemberger nahmen
dabei 9000 Italiener, 150 Offiziere gefangen, erbeuteten 81 Geschütze …
An Verlusten hatte Rommel zu verzeichnen: 6
Tote, 30 Verwundete.
Die Einnahme des Matajur aber zählte zu den bedeutendsten Taten Rommels in diesem Kampfraum,
aber fast ebenbürtig standen andere Aktionen daneben: Von Flitsch–Tolmein–Karfreit bis zum Monte
Grappa. Als äußeres Zeichen der Anerkennung wurde
Rommel mit dem Pour le mérite, der höchsten deutschen Auszeichnung, dekoriert. Das Kriegsschicksal
stellte Rommel und das Württembergische Gebirgsbataillon an eine Stelle, wo sie sich frei entfalten
konnten: Entsprechend der Aufgabe des Bataillons,
schnell, selbstentscheidend vorzugehen, beherrscht
vom eigenen Willen, konnte jeder Soldat des Bataillons seine besten Eigenschaften entfalten.

Der Kampf hier verlangte von den Württembergern das, was ihnen im Kern ihres Wesens am liebsten war: Eigeninitiative, unkonventionelles Vorstürmen, List, Schläue und höchste körperliche Robustheit. Auf den hohen Bergen waren sie allein auf sich gestellt, niemand konnte ihnen dreinreden, die Männer harmonierten mit ihren Offizieren – der Erfolg und das Kriegsglück gehörten ihnen. Durch eine weitere Reihe ähnlicher Gefechte lag der Weg in die Ebene vor ihnen.

Ehe ich weiter berichte über das, was Rommel leistete, möchte ich zurückkehren zum Weltkrieg-II und kurz über das gesamte Leben des genialen Feldherrn berichten. Dieses Buch berichtet ja über einen kurzen Zeitabschnitt im Leben Rommels, über eine Spanne, die fast 60 Jahre zurückliegt. Um diesen Sprung in die Geschichte eher verständlich zu machen, sei daher vorerst kurz über Rommels Lebenslauf memoriert.

Andererseits werde ich schwerpunktartig belegen, wie identisch zum Weltkrieg-I sich Rommel im Weltkrieg-II als Offizier, Kamerad und Heerführer verhielt. Wir werden sehen, daß gewisse Prinzipien in seinem soldatischen Vorgehen – adaptiert an neue Waffen und Systeme – unverändert beibehalten wurden.

Kehren wir zurück zu den Gefechten Rommels in der 12. Isonzoschlacht. Zu den Bergen um Flitsch–Tolmein–Karfreit, zur Forcierung des Tagliamento, zum Vorstoß am Piave und schließlich zu den grauenhaften Kämpfen im Grappa-Massiv, wo die glorreiche Offensive der verbündeten Truppen im Hochwinter an der Materialnot und am ungeheuren Widerstand Italiens erstickte – wo das Schicksal der Donaumonarchie endgültig besiegelt wurde.

Erwin Johannes Eugen Rommel

Seine Geburt am 15. November 1891 in Heidenheim fiel in eine Zeit tiefsten, ewigen Friedens, in eine Zeit bürgerlicher Seriosität und Sicherheit. Doch diese Akzente können wir nicht nur dem Zeitabschnitt seiner frühen Jugend zurechnen, sondern ebenso dem geographisch-kulturellen Lebensraum, dem er entstammte: Gutbürgerliche, friedvolle, fleißige Menschen, denen jede Hochstapelei im Grunde ihres Herzens zuwider war, die sich aber in der praktischen Bewältigung des Lebens durch hohe Intelligenz auszeichneten.

So wie die Menschen seiner Heimat, hatte auch Rommel ein unkompliziertes Wesen, im Charakter eher still und zurückhaltend. Man redet nicht viel, aber das, was man sagt, hat seinen Sinn – und gilt!

Rommels Jugend verlief still, bescheiden. Erst die Jahre des heranreifenden Jünglings zeigten deutliche Neigungen, Liebhabereien: Interesse an der Fliegerei, Skisport, ausgedehnte Radtouren – und ein starkes Interesse an angewandter Mathematik.

Wenn auch Rommels Vater mit einer Tochter des Präsidenten in der württembergischen Verwaltung verheiratet war, so verlief der berufliche Weg des jungen Erwin Rommel doch ohne Protektion. 1910 wurde Rommel Soldat im Infanterie-Regiment König Wilhelm I. Nr. 124, und zwar als Fahnenjunker. Das Jahr 1911 erlebte der junge Soldat bereits als Fähnrich an der Kriegsschule in Danzig. 1912 kehrte der frischgebackene Leutnant zu seinem Regiment zurück. Aus

Danzig aber brachte er nicht nur sein Offizierspatent, sondern ebenso eine feste Herzensbindung mit, die in späterer Folge zu einer tiefen und glücklichen Ehe führen sollte.

Bereits diese Jahre des jungen Mannes zeigen uns einen wohlgeordneten Berufsweg, der ohne spektakuläre Dinge vor sich ging. Aber gerade darin finden wir bereits Konzeptionen verankert, die sein späteres Offiziersleben mitbestimmen sollten.

Im Gegensatz zur Armee Altösterreichs, in der die Aristokratie keinerlei vorherbestimmte Vorrechte genoß, in der es keine feudalen Circles gab, sondern wo wir Männer aller Nationalitäten – mit und ohne Adel – in allen Positionen fanden, war die militärische Welt Rommels von ganz gegenteiligen Formationen geprägt:

Der Adel gab den Ton an, im guten wie im schlechten. Preußische Junkerkreise entscheiden ebenso wie hocharistokratische Imponderabilien über die beschleunigte Karriere. Diese Welt war dem jungen Rommel von seinem Wesen und seiner Abstammung her fremd, und ich glaube sagen zu dürfen, daß er sie auch nicht besonders schätzte. Erwin Rommel bevorzugte ein sportliches Leben mit viel Bewegung in der freien Natur eindeutig gegenüber dem kunstvoll aufgebauschten Treiben der Salons, dem aristokratischen Parkett. Dementsprechend war Rommel von der ersten Sekunde seines Soldatenlebens ein »Mann der Truppe«, ein richtiger Troupier, wie man damals sagte. Seine ihm anvertrauten Männer lagen ihm mehr am Herzen als das Spinnen feiner Karriere-Fäden, Rommel war Praktiker und Realist zugleich.

Erwin Rommel, ca. 1934.

Nordafrika 1942: Rommel, seinen Befehlswagen anschiebend und im Kampfgelände.

Nordafrika: Rommel mit ital. Generälen Cambara und Calvi – Lagebesprechung.

Nordafrika: Rommel und Fallschirmjäger-General Bernhard H. Ramcke.

Nordafrika: Rommel – 50. Geburtstag (15. November 1941).

14. 1. 1944: Rommel und Generalfeldmarschall v. Rundstedt – Westfront.

Ein »offizielles« Porträtfoto Erwin Rommels.

Normandie, 20. Juli (!) 44: Rommel und Ritterkreuzträger General Meindl.

Er arbeitete lieber zurückgezogen an Stellen, wo er den Erfolg seiner Tätigkeit sehen, greifen, spüren konnte (siehe auch: D. Young »Rommel«).

Diese von mir hier verdeutlichten kulturgeschichtlichen Aspekte durchziehen die Geschichte der deutschen Armeen bis 1945 wie ein roter Faden. In diesen Akzenten lag sehr viel Problematik über die Effizienz der Truppe beinhaltet, darin lagen so manche Ungerechtigkeiten begründet – und auch viele Ursachen für geringen militärischen Erfolg im Feld.

Und wenn wir die Geschichte der deutschen Truppenkörper im Ersten und Zweiten Weltkrieg durchleuchten, so finden wir durchwegs bestätigt, daß die Liebe, Zuneigung und vor allem das Vertrauen der Soldaten jenen Offizieren gehörte, die aufgrund ihres unkomplizierten, aufrichtig-geradlinigen Wesens den menschlichen Zugang zu jedem einzelnen Soldaten fanden – die aber andererseits sich gegenüber einer verstaubten, halsstarrigen Militärbürokratie sehr wohl durchzusetzen vermochten.

Exakt zu jenen Offizieren ist Rommel hinzuzurechnen. Das Dilemma der deutschen Truppen beider Weltkriege aber lag unter anderem darin, daß es viel zu wenige Truppenführer vom Schlage eines Rommel gab. Egal, ob im Weltkrieg-I auf Kompanieführerebene oder dann im Weltkrieg-II bis hinauf zu höchsten Rängen.

So zieht eine Kluft zwischen den Troupiers und den Generalstäblern wie ein Graben für die menschliche Verständigungsbereitschaft. Wo immer aber Erwin Rommel eingesetzt war, ob im Frieden oder im Krieg, fand er den besten Kontakt zu seinen Soldaten. Und das, was er seinen Untergebenen abverlangte, machte, lebte, litt und kämpfte er vor.

Im Rahmen meiner vieljährigen Forschungsarbeiten zur Geschichte des Ersten Weltkriegs kristallisierte sich für mich ein Offiziersbild heraus, das es heute nicht mehr gibt, das sich die meisten Menschen – vor allem meiner Generation – nicht vorstellen können:

Bedingungslose Treue, absolute Pflichterfüllung, ausgeprägte eigene Meinung, Bescheidenheit und vollkommene Unbestechlichkeit gegenüber geistiger wie materieller Korruption. Der Beruf des Offiziers war kein »Job«, kein Versorgungsinstitut, sondern Berufung. Die Gehälter, die Gagen, waren mehr als gering.

Und dennoch: Die Berufssoldaten hätten sich eher entzweischneiden lassen, ehe sie diesen Prinzipien abgeschworen hätten.

Das aber, was der Offizier hatte, das war ein sehr hohes Maß an Ansehen, Ehre und Achtung seiner Mitbürger.

Dieser Soldatentyp ist längst ausgestorben, jene übergeordneten Instanzen, denen der Eid galt – der Kaiser –, sie gibt es nicht mehr. Man hat sie gestürzt, geächtet, verleumdet und an ihrer Stelle Götzen errichtet, die in all ihrer Fragwürdigkeit vor uns stehen. Das kulturgeschichtliche Bild Rommels als Offizier des Ersten Weltkrieges hat entscheidend zu seinem Verhalten gegenüber Hitler beigetragen. Und während sehr viele ranghöchste Offiziere im Dritten Reich die Augen verschlossen vor dem, was geschah, konnte Rommel nicht tatenlos zusehen. Dies liegt nicht zuletzt in seiner charakterlichen Tradition begründet.

Durch sein Verhalten gegenüber Hitler hat Erwin Rommel ein kulturgeschichtliches Zeugnis abgelegt, das uns – den Nachfolgern – es ermöglicht, ein positives Bild dieser Zeit zu zeichnen. Rommel hatte seine Tugenden als Offizier des Ersten Weltkrieges voll im Zweiten Weltkrieg eingesetzt – und zwar als Soldat, aber auch in schwierigster politischer Stunde. Das hebt ihn noch zusätzlich über jedes militärische Maß hinaus.

Rommel im Ersten Weltkrieg

Das Jahr 1914 brachte den Einsatz Rommels in Belgien und Nordfrankreich mit sich. 1915 stand er mitten im Geschehen in den Argonnen. Der Oktober 1915 aber brachte eine erste Zäsur in der Soldatenlaufbahn Rommels: Major Sproesser stellte das »Württembergische Gebirgsbataillon« auf. Rommel wurde der Kommandant der 2. Kompanie.

Die nachfolgende alpine Ausbildung lag natürlich ganz im Sinne Rommels. Schneeschuhübungen, Skikurse am Arlberg in Österreich, viel und kameradschaftliches Beisammensein mit den Soldaten – Singen, Jodeln, Volksmusik, Soldatenlieder bei einem Glas Wein in Berghütten – »... bald lerne ich auf diese Weise meine Männer auch außerdienstlich gut kennen, und das Band zwischen Führer und Truppe wird enger geschlossen« (Rommel).

Rommel als Gebirgssoldat – eine idealere Kombination kann man sich gar nicht vorstellen. Denn der Alpindienst lag genau im Wesen dieses Mannes: Enger, unbürokratischer Kontakt aller Beteiligten, Bergkameradschaft ohne Generalstäbler, kein Parkett, keine Salons – dafür zünftige Hüttenabende, Sport im Schnee, umgeben vom gleißenden Licht der Berge, romantische Nachtübungen und enge Gemeinschaft. Bereits 1916 wurden die so erlernten Erfahrungen in den Vogesen erfolgreich eingesetzt. Ebenso in weiterer Folge in Rumänien und in den Karpaten (1917). Hier zählte zu den legendären Taten Rommels und seiner Männer die Erstürmung des D. Cosna am 19. August 1917.

Der Höhepunkt aber in der militärischen Laufbahn Rommels im Weltkrieg-I bildeten die 12. Isonzoschlacht und der Vormarsch bis zum Monte Grappa. Hier konnte Rommel einerseits seine infanteristischen Konzepte bei den Talvorstößen, aber noch viel mehr seine gebirgssoldatischen Erfahrungen einsetzen. Das Angriffsgelände, die Aufgaben des Württembergischen Gebirgsbataillons aber gestatteten freies, schnelles Handeln ohne Rückfrage »nach oben«. All dies lag nur im Sinn Rommels.

Gleichzeitig wurde der junge Offizier an die allervorderste Linie einer der größten Schlachten der Menschheit gestellt. Hier konnte Rommel auch große Feldherrnkonzeption der beteiligten Generäle in der Wirklichkeit miterleben. Hier erfuhr Erwin Rommel, was Strategie und Taktik kombinierter Zangenbewegungen (über die Berge und durch die Täler) bedeuten können.

Wie sehr sich Rommel darüber Gedanken gemacht hat – das zeigen seine persönlichen Aufzeichnungen und Kommentare (»Infanterie greift an«) nachhaltigst.

Diese Zeitspanne im Leben Erwin Rommels ist der Mittelpunkt meines Buches.

Rommel im Zweiten Weltkrieg
Rommel der »Wüstenfuchs«

Eines scheint Rommel aus seinen Weltkrieg-I-Erfahrungen nie mehr vergessen zu haben: Die Bedeutung schneller, unkonventioneller Zangenbewegungen – sei es nun kleinräumlich für bestimmte, eng begrenzte Kampfhandlungen von nur wenigen Kompanien – oder großflächige Schlachtunternehmungen in Nordafrika oder später in Frankreich. Die Analyse all seiner Gefechte, Schlachten und Offensiven zeigt eindrucksvoll das Dominieren dieser Elemente:

Umfassen, Täuschen, Schnelligkeit im Angriff. Immer vorne dran, immer dabei, »wo Rommel ist, ist die Front«. Die verschiedenen Teilakzente versuchte Rommel später auch als Feldherr zu einem einzigen Sichelschnitt gegen den Feind einzusetzen. Der Erfolg gab ihm in allen Fällen recht. Die Zeiten seines geringeren Erfolges aber lagen maßgeblich verursacht im schleppenden Nachschub, im Ausbleiben großer Materialmengen, im Größenwahn und in der Ignoranz jener Militär-Kamarilla, die Hitler umgab.

Man ließ Rommel in entscheidenden Tagen im Stich. Ja es drängt sich der Verdacht auf, daß gewichtige Kreise um den »Führer« bewußt gegen Rommel agierten.

Und bis zum Tode Rommels zog sich dieser rote Faden des Kampfes des Troupiers gegen Intriganten, Ignoranten, gegen Leute, die »nie einen Schuß im Felde hörten«. Ein höchst befähigter Feldherr mußte versuchen, ideologischen Parvenus militärische Erfordernisse klarzumachen. Ein aussichtsloses Unterfangen – und wie lächerlich wirken da die »Durchhalte-Appelle« Hitlers ...

Wer sich näher über diese Gesichtspunkte informieren möchte, der möge darüber nachlesen in den Werken von Desmond Young, Ronald Levin oder im Buch »Krieg ohne Haß«.

Der Afrikafeldzug Rommels ist ein erschütternder Weg großartigster Siege und tiefster Enttäuschungen und außergewöhnlicher Ritterlichkeit gegenüber dem Gegner.

Angesichts des völligen Ausbleibens eigenen Nachschubes und gleichzeitigen Einsetzens der anglo-amerikanischen Materialdampfwalze mußte alles vergebens sein.

Rommel erntete Undank, Unverständnis, man desavouierte ihn. Doch noch viel erschütternder, tiefgreifender muß für Rommel das Wissen um die Sinnlosigkeit der vorher erbrachten Opfer gewesen sein ...

Rommel aber erlegte das Schicksal auf, Glück und Unglück des Feldherrn bis zur bitteren Neige auszukosten.

»Das Erlebnis des hervorragenden Zusammenhalts zwischen Soldat und Offizier, das vollkommen von innen heraus kam, ließ selbst in den dunkelsten Stunden des afrikanischen Krieges nie die Hoffnung verlieren. Ein bitteres Schicksal versagte es meiner Truppe, die selbst in Tunis noch volles Vertrauen zu ihrer Führung hatte, was nach einem Rückzug von 2000 km wohl ein einzigartiges Phänomen sein dürfte, nach Europa zu entkommen ... Die Chancen Nordafrikas wurden von den obersten deutschen und italienischen

Stellen vertan. Durch das sinnlose Opfern so vieler deutscher und italienischer Soldaten in Tunesien war es unmöglich geworden, die alliierte Landung in Süditalien abzuwehren. Das alliierte Experiment glückte hier, und die Anglo-Amerikaner gewannen damit das Selbstbewußtsein, um eine Landung in Frankreich zu riskieren ... Die Anglo-Amerikaner, die in dem bergigen italienischen Gelände nicht weiterkamen, landeten mit starken Kräften in der Normandie und zerschlugen mit Artillerie, Panzern und Luftwaffe meine Verbände. Ohne Zögern gingen meine Soldaten in eine Schlacht, die nicht zu gewinnen war.

Die Belastung an drei Fronten konnten wir nicht mehr tragen. Im Osten durchbrachen die Russen unsere Linien, vernichteten viele eigene Divisionen und dringen nach Westen. Im Osten und im Westen können neue Fronten nur mit Mühe mit letzten Reserven improvisiert werden. *Es ist sehr dunkel um uns geworden«* (Aus: »Krieg ohne Haß«).

An der Gebirgsfront des Ersten Weltkriegs lernte Rommel jene Taktik, die er in Afrika so erfolgreich einsetzte: Handelte es sich im Gebirge um den Einsatz schneller, beweglicher, kleiner Kampfgruppen, die unvermutet Tag und Nacht angriffen – so operierte Rommel in der Wüste im selben Sinn mit seiner Panzerarmee. Nur selten führte er sie geschlossen zum Kampf, eher bevorzugte Rommel das Vorgehen mit kleineren »Panzerrudeln«, die schnell und wendig operierten, bestimmte Gruppierungen des Gegners ablenkten – wobei der endgültige Schlag entweder an ganz anderer Stelle, seltener konzentrisch, erfolgte. Und so, wie wir Rommel auf den Bergen um

Flitsch–Tolmein ganz vorne finden, so sah man ihn im Afrikafeldzug in seinem Befehlswagen ganz vorne. Und in beiden Kriegen kannte er seine Männer, war ihr Freund, ihr Gefährte. Rommel teilte alles mit ihnen.

Der Tod des Generalfeldmarschalls

Nach allem, was Rommel mit und durch Hitler erleben mußte, war es nur mehr eine Frage der Zeit, bis er sich gegen das Regime stellen würde. Jene Kreise, die den Putsch gegen Hitler vorbereiteten, waren allerdings alles andere als dazu befähigt – zumindest wenn man die organisatorischen Aspekte diesbezüglich ins Auge faßt.

Man dürfte nicht fehlgehen, wenn man annimmt, daß Rommel die Ausführenden des Attentates mehr oder weniger im nachhinein als »Amateure« betrachtet haben wird. Letzten Endes hätte die Durchführung des Attentates nach rein militärischen Vorbereitungsprinzipien erfolgen sollen. So aber waren für dieses entscheidende Unternehmen Menschen am Werk, die von Planung und Organisation gravierender Aktionen zu wenig praktische Kenntnis hatten: Das Scheitern des Putsches zählt zu den tragischsten Punkten der jüngeren deutschen Geschichte.

Im übrigen fehlen bis heute dezidierte Erkenntnisse über Rommels Beteiligung bzw. darüber, welche Funktion Rommel nach dem Gelingen des Putsches zugefallen wäre.

Das Gelingen des Putsches und das nachfolgende Übertragen eines hohen Amtes für Rommel hätte mit Sicherheit bedeutet, daß die Existenz Deutschlands bewahrt geblieben wäre. Rommel in der Funktion eines hohen Staatsamtes wäre identisch gewesen mit einer »deutschen Lösung« des Problems Hitler.

Bei einem Gelingen des Putsches hätte Rommel die größte Enttäuschung seines Lebens erlebt: Nämlich das Nichteingehen der Feinde Deutschlands auf einen vorzeitigen Friedensschluß.

Es muß hier mit aller Nachdrücklichkeit darauf verwiesen werden, daß die USA aus rein wirtschaftlichen Motiven in den Zweiten Weltkrieg gingen. Es klingt wie ein Hohn der Geschichte, zu glauben, daß die USA Deutschland von Hitler befreien wollten. Die diesbezügliche Argumentation mutet wie ein lächerliches ideologisches Mäntelchen an. Das gleiche trifft übrigens für den Ersten Weltkrieg zu. Auch damals war das Ziel der Gegner Österreich-Ungarns wie des Deutschen Reiches die totale Vernichtung dieser Staaten. Damals lag dieses Ziel – angesichts zahlreicher Friedensbemühungen – offen zutage.

Identisches muß über den Zweiten Weltkrieg ebenfalls vermerkt werden. Das Ziel der USA vor allem war die wirtschaftliche Zerschlagung Deutschlands. Und da harmonierte man nach dem Zusammenbruch 1945 wunderbar mit den Partnern in der Teilung der Beute. Die USA haben nichts aus der Geschichte gelernt:

Nach wie vor führen sie Kriege aus wirtschaftlichen Gründen, der Unterlegene wird geteilt:

Korea, Vietnam, Kambodscha, Deutschland – ein Reigen des Leides und des Verschacherns ganzer Völker. Und die Blutschuld der USA steht der von Hitler um kein Jota nach. Die Geschichte der letzten 30 Jahre hat dies bewiesen.

Am 14. Oktober 1944 kamen Hitlers Schergen zu Rommel, in ihrem Gepäck brachten sie die todbringende Giftkapsel. Rommel mußte sterben. –

Das letzte, aber entscheidende Maß, das den genial-ritterlichen Menschen Rommel über alle Dimensionen hinausstellen sollte, war sein Zeugnis gegen das Regime Hitlers. Als Rommel dieses Zeugnis ablegte, da war ihm das geschichtliche Maß seines Beispiels vermutlich (?) nicht bekannt. Er handelte nur aus seinem Charakter heraus. So vereinte Rommel durch sein Leben und durch seinen Tod hinaus in dichtester Form das, was den Soldaten der einstigen kaiserlichen, der königlichen Armeen selbstverständliches Gemeingut war:

Die Ehre, die Treue, die Ritterlichkeit – aber auch die Unbeugsamkeit gegenüber politischen Verbrechern.

Die Hochgebirgsfront 1915–18

Durch den Kriegseintritt Italiens im Mai 1915 wurde
Österreich-Ungarn gezwungen, die gesamte hochalpine Frontlinie zu besetzen. In wenigen Tagen standen damals Tausende von Männern im Hochgebirge
im Einsatz: Von den Julischen Alpen bis zum Stilfser
Joch erstreckte sich die Kette der Verteidiger in ununterbrochener Folge über alle Gipfel, Gletscher, Grate –
und dies auf Bergen, deren Höhe sich zwischen 2000
und fast 4000 m erstreckt. Ein ungeheures Ringen, das
schließlich im ausgedehntesten Gebirgskrieg aller
Zeiten und Völker münden sollte, hub an. Die
Gesamterstreckung des vordersten Schützengrabens
im Hochgebirge 1915–18 betrug 3500 km, ja die
Gesamterstreckung aller Hochgebirgsfronten des Ersten Weltkrieges betrug über 9000 km ... Gleichzeitig
aber standen die Truppen der Donaumonarchie noch
an zahlreichen anderen Fronten im Einsatz. Der
Kriegseintritt Italiens bedeutete eine unerhörte
Mehrbelastung für das alte Österreich.

Innerhalb der hochalpinen Frontlinie müssen wir
zwischen zwei grundsätzlichen geographischen Ab-
schnitten, aber auch zwischen zwei grundsätzlichen
Stadien unterscheiden:

Einmal zwischen der Front westlich und östlich der
Etsch, andererseits zwischen der hochalpinen Front
1915 bis 1918 (!) und der Frontlinie 1915–1917. Westlich der Etsch erstreckte sich die Frontlinie vom Stilfser Joch kommend über die Berge von Ortler, Presanel-
la, Adamello, Judikarien bis in den Raum Gardasee.
Und zwar von 1915 bis 1918. Östlich der Etsch nahm

die hochalpine Front ihren Anfang in den Julischen Alpen, führte über die Karnischen Alpen, quer durch die Dolomiten, über die Fleimstaler Berge zur Hochfläche der Sieben Gemeinden und schließlich über Pasubio, Monte Corno zur Zugna Torta gegen das Etschtal. Die hochalpine Frontlinie von den Julischen Alpen bis zu den Fleimstaler Bergen bestand nur bis Oktober 1917: Im Zuge der Offensive gegen Italien (12. Isonzoschlacht) mußten die Italiener diese Front räumen. Westlich der Etsch dagegen hatten die Männer in den eisigen Höhenstellungen drei arktische Winter auszuhalten, die Besatzungen auf den Bergen Kärntens und der Dolomiten dagegen nur zwei kältestarrende Hochwinter ...

Die Entscheidung im Krieg gegen Italien wurde von allen Beteiligten östlich der Etsch gesucht:

Friaul/Venetien wurde zum Kampffeld, zur Stätte größter Schlachten.

1915, 1916, 1917 versuchten die Verteidiger von den Berghöhen in die Talebenen abzusteigen, um schließlich das Tiefland zu gewinnen. Aber in mehr als zwei Jahren gelang dies nicht. Freund und Feind saßen auf den Bergen, ineinander verkrallt.

Der Vorstoß von den Bergen in die Ebene war nur durchführbar, wenn gleichzeitig analoge Offensiven durch die Täler gegen die Ebene erfolgten.

Ein weiterer, äußerst wesentlicher Frontabschnitt war die Isonzofront von Monfalcone über Görz bis nach Norden in den Raum Flitsch–Tolmein–Karfreit, wo die beiden mächtigen Gebirgsstöcke der Julischen und Karnischen Alpen den gewaltigen Eckpfeiler der Hochgebirgsfront bildeten.

38

Die Isonzofront war daher identisch mit der Kehle, mit der verwundbarsten Stelle eines Menschen.

Die militärische Konsequenz für Italien mußte ergodessen lauten: Ununterbrochenes Anstürmen gegen diese verwundbare Stelle, die noch dazu aufgrund ihrer geographischen Beschaffenheit sehr schwer zu verteidigen war.

Gleichzeitig konnte Italien mit diesen Aktionen zahlreiche Kräfte Österreich-Ungarns binden – Kräfte, die an anderer Stelle bitter entbehrt wurden.

In elf grauenhaften Schlachten – der 1. bis 11.Isonzoschlacht – versuchte Italien, diesen Kampfraum zu überrennen. Aber nach elf Schlachten von 1915 bis 1917 konnte Italien praktisch keinen entscheidenden Geländegewinn für sich verbuchen. Dafür aber bluteten die Verteidiger Altösterreichs regelrecht aus: Es gab Zeiten, da 50 000 Soldaten vom Schlachtfeld nicht mehr zurückkehrten. Das Ziel Italiens – der Durchbruch – scheiterte, der Gegner aber wurde unerhört geschwächt. Nach der 11. Isonzoschlacht war es fraglich, ob Österreich-Ungarn einem weiteren Ansturm hier hätte standhalten können. Die Soldaten waren ausgeblutet, vernichtet, zerstört, das Reservoir für Nachschub nahezu erschöpft, der Tod hielt so lange Ernte, bis nichts mehr zu ernten war …

Und die Männer, die die Schlachten überlebten – wie sahen sie aus? Bleich, hohlwangig, verwundet, zu Tode erschöpft.

Die Einheiten, die dort lagen, waren nur mehr Nummern auf den Karten des Generalstabs, denn ganze Regimenter zählten oft nur mehr 200 Mann …

Sollte in den letzten Monaten des Jahres 1917 hier die Entscheidung nicht fallen, dann gab es kein Entrinnen mehr. Die Entscheidung konnte, mußte aber heißen: Durchbruch und Offensive Österreich-Ungarns, wenigstens bis zum Flußlauf des Tagliamento. In dieser Zeit größter Anspannung entschied die Deutsche Oberste Heeresleitung, daß Hilfstruppen in großer Zahl, vor allem starke artilleristische Kräfte dem Verbündeten zur Verfügung gestellt werden. Die 12. Isonzoschlacht war somit in greifbare Nähe gerückt.

Das gemeinsame Vorgehen der verbündeten Truppen, die logistische Planung, die gesamte Organisation und die Leistung jedes einzelnen Soldaten zählt zu den größten Leistungen in der Militärgeschichte der Menschheit. Erwin Johannes Eugen Rommel war von der ersten bis letzten Sekunde dieser Schlacht, an ihren Brennpunkten, dabei.

Begräbnis und Staatsakt für Generalfeldmarschall Erwin Rommel.

Das offene, aufrichtige Antlitz eines Weltkrieg-I-Offiziers: Erwin Rommel.

Kaiser Wilhelm II. und Kaiser Karl I. in Friaul (oberste Kriegsherren der Verbündeten).

1917: Festungswerk, Klause von Flitsch – Durchbruch aus den Bergen ins Tal ...

Erwin Rommel und die 12. Isonzoschlacht · Der Durchbruch aus den Bergen · Die Forcierung des Tagliamento · Der Vormarsch zum Piave · Die Kämpfe um das Massiv des Monte Grappa

In vier hauptsächlichen Etappen wurde das große Offensivunternehmen der 12. Isonzoschlacht durchgezogen:

1. Durchbruch aus den Bergen rund um Flitsch–Tolmein–Karfreit.

2. Vormarsch – nach Bezwingung der italienischen Stellungen – gegen das Flußbett des Tagliamento und Überschreiten des Flusses.

3. Vormarsch gegen den Piave.

4. Erlangung des Massivs des Monte Grappa.

Simultan zu diesen großen militärischen Bewegungen in Ost-West-Richtung erfolgte ein ebenso kräftig geführter Angriffskeil aus den Hochgebirgen von den Julischen Alpen, Karnischen Alpen, Dolomiten und Fleimstaler Bergen. Dieser Stoßkeil wurde in – generalisiert ausgedrückt – Nord-Süd-Richtung, also flankierend, geführt.

Beide Angriffskeile bieten in ihrem militärischen Zusammenwirken gleichsam ein Paradebild einer sichelschnittartigen Aktion gegen die Positionen des Gegners. Ursprünglich vorgesehen war als maximales Endziel der Offensive die Erreichung des Tagliamento. Der Schwung der Angriffsgruppen riß diese in einem wahrhaften Furioso weit über das gesteckte Ziel hinaus. Der Erfolg der Offensive ist eines der wichtigsten Ereignisse in der Kriegsgeschichte Österreich-Ungarns und des Deutschen Reiches.

Erwin Rommel stand, wie ich schon vorher bemerkte, von der Stunde Null der Offensive bis zum Festfahren der Angreifer am Monte Grappa jeweils an den allervordersten Positionen. Das Württembergische Gebirgsbataillon, dem Rommel angehörte, konnte, durfte, sollte als besonders bewegliche, schnell operierende Formation in das Geschehen eingreifen. Nun, daß dies vom Bataillon viel mehr als erwartet getan wurde, muß hier an dieser Stelle hervorgehoben werden.

Und im Momente, da ich diese Zeilen schreibe, frage ich mich, wie viele Menschen in der engeren Heimat Rommels dies wissen oder ob all die vielen Bergsteiger, die in den Julischen Alpen Bergglück suchen, ahnen, daß in den Tälern zu ihren Füßen, auf den Gipfeln, die sie sehen, Württemberger unter dem Kommando eines Mannes namens Erwin Rommel Großartiges leisteten. Ich bin aber überzeugt, daß den meisten dieser Bergsteiger der Begriff »Rommel und Afrika-Korps« sehr geläufig ist ...

Ja, was nahezu 60 Jahre ausmachen können ...

Doch zurück zur 12. Isonzoschlacht: Der interessierte Leser wird eine Karte zur Hand nehmen und dieser entnehmen, daß der Monte Matajur »nur« 1641 m hoch ist. Der Ausdruck Gebirgskrieg könnte dann für manche meiner Leser unverständlich wirken: Nun, dem ist nicht so, denn die Talorte liegen zwischen 250 bis 400 m Höhe. Die Höhenunterschiede, die Angreifer wie Verteidiger zu überwinden hatten, waren enorm – durchwegs über 1000 Meter!

Im Vergleich dazu mußten die beteiligten Truppen

z. B. im Raum Falzaregopaß (Dolomiten) wesentlich geringere Höhenunterschiede verkraften.

Wer aber einmal in der Gegend um Flitsch war und den Kopf in den Nacken legen mußte, damit er den Rombon überblicken kann, der wird verstehen, was ich meine.

Die physische Leistung aller Kämpfer beider Seiten entspricht absolut den Anforderungen des Gebirgskrieges, ganz abgesehen von den geographisch-alpinen naturräumlichen Gegebenheiten. Die höheren Kommandos der Verbündeten mußten diesem Gesichtspunkt voll Rechnung tragen, zusätzlich zu den infanteristischen Erfordernissen des Kampfraumes in der Tiefebene. Den dritten Faktor hatte dann noch die Artillerie zu verkörpern, die einen Hauptteil der wichtigen ersten Stunden zu tragen hatte. Desgleichen wurden an den Train und Nachschub Anforderungen gestellt, wie nie vorher. Viele Kilometer weit in das Hinterland erstreckte sich das feine Netz der gesamten Angriffsvorbereitungen.

Die Vorbereitungen zur Schlacht

Die Grundkonzeption stand also fest: Aus zwei Talbecken heraus sollten die Angreifer vorstürmen und sich dann sozusagen auf halbem Wege treffen und zu einer gewaltigen, schlagkräftigen Heermasse vereinigen. In diesem Sinne wurde geplant – und auch vorbereitet.

Bereits während der 11. Isonzoschlacht wurde von der Operationsabteilung des Armeeoberkommandos der Plan zu einer weiteren Schlacht aufgegriffen.

»Der vorgeschrittenen Jahreszeit wegen kann der Angriff nicht aus Tirol geführt werden und ist wegen der Versorgung der Truppen nur vom Isonzo her möglich. Dort stehen derzeit etwa 40 italienische Divisionen gegen 20 österr.-ung. Divisionen. Um annähernd das Kräfteverhältnis 1 : 1 zu erzielen, wären mindestens noch 20 Infanteriedivisionen erforderlich, die wir allein nicht aufbringen können. Es ist daher die Mitwirkung deutscher Kräfte unerläßlich. Die Einigung müßte ehestens erzielt werden ... eine approximative Berechnung ergibt, daß der Aufmarsch etwa sechs bis acht Wochen in Anspruch nehmen wird.«

Am 29. August fand im deutschen Hauptquartier die erste Besprechung statt. Kurze Zeit darauf wurde als Deckname für diese Operation der Name »Waffentreue« gewählt. Am 8. September 1917 telegrafierte das deutsche Hauptquartier – »Waffentreue gesichert«.

Mitte September langten die ersten deutschen

Truppen in Tirol ein, gegen Ende September die ersten deutschen Transporte an der Front. Die anreisende deutsche Infanterie und ebenso Artillerie hatte in Tirol Scheinaktionen zwecks Täuschung der Italiener durchzuführen. Als erster Zeitpunkt für den Angriff wurde der 22. Oktober ins Auge gefaßt. Wegen schlechter Witterung und dadurch bedingter Anmarschverzögerungen wurde dann der 24. Oktober als Tag des Vorbrechens fixiert.

Am 24. Oktober begann der Angriff und wurde bereits in den ersten Stunden des Lospreschens der Infanterie-Sturmtruppen ein voller Erfolg. Am 30. Oktober befahl das Kommando der Südwestfront:

»Offensive wird über den Tagliamento fortgesetzt werden. Jede Armee hat anzustreben, innerhalb des ihr zugewiesenen Vorrückungsraumes den Fluß zu überschreiten.«

Die Würfel sind gefallen, die Offensive rollte weiter. –

In den ersten Novembertagen wird der Tagliamento (Forcierung des Tagliamento) überschritten. An den wenigen Brücken stauen sich die rückflutenden Italiener wie in Flaschenhälsen, in wenigen Stunden werden z. B. 60 000 gefangengenommen. Gegen den 10. November stehen die ersten Einheiten der Offensivtruppen am Piave. Die Überschreitung des Flusses wird aufgrund von »höherem Befehl« – nicht durchgeführt. Bereits am 15. November haben sich öst.-ung. und reichsdeutsche Truppen mit den Italienern im Raum Monte Grappa ineinander verbissen und ringen erbittert gegeneinander.

Der Piave aber wurde zum Schicksalsfluß der Donaumonarchie.

Die Verluste der Italiener an Soldaten gingen gegen die Millionengrenze (Gefangene, Versprengte, Deserteure, Tote, Verwundete), der Verlust an materieller Ausrüstung Italiens war dementsprechend enorm.

Die Verluste der verbündeten Armeen Österreich-Ungarns und des Deutschen Reiches betrugen an Toten plus Verwundeten nur knapp 5000 Soldaten.

Die Ursachen für den plötzlichen Halt der deutschen und österr.-ung. Truppen am Piave sind bis heute nicht geklärt. Kein Mensch vermag die Ursache für das Halten am Piave zu geben. Die Bildung eines Brückenkopfes am Westufer des Piave wäre für die Männer der Offensivarmeen eine Kleinigkeit gewesen, Material war in Hülle und Fülle vorhanden, allein von ca. 1 Million italienischer Soldaten. Sicher, vieles davon war unbrauchbar, aber es gab kein Argument für den Halt am Piave. Der rätselhafte Befehl ist bis heute nicht auffindbar, es gibt diesbezüglich keine Aktenbelege.

Am Piave wurde das Schicksal Altösterreichs verspielt, vertan, verloren. Relativ rasch hatten sich die Italiener am Westufer gefangen und mit Hilfe ihrer Alliierten die Verluste wettgemacht. Italienische Quellen weisen aber nach, daß westlich des Piave zum Zeitpunkt der Offensive keinerlei Auffangstellungen mehr waren. Italien und seine Verbündeten rechneten fest mit einem österreichischen, deutschen Sieg über Italien.

Was dies bedeutet hätte, ist nicht auszumalen: Große territoriale Gewinne als Faustpfand für spätere Friedensverhandlungen, Freistellung eines riesigen Entsatzheeres für die deutsche Westfront. Der Krieg wäre mit absoluter Sicherheit anders ausgegangen. Es hätte keinen Diktatfrieden gegeben, keine Zerstückelung Altösterreichs und keine Zerschlagung des Deutschen Reiches. Völlig unmotiviert mußten die glorreichen Offensivtruppen am Piave endgültig halten. Hier nun sollte sich das Schicksal der Donaumonarchie und Deutschlands entscheiden. Bis zur Mitte des Jahres 1918 bauten die Italiener ihre neuen Armeen auf, erhielten umfangreiche Hilfslieferungen der Alliierten. In derselben Zeit wurde Österreich-Ungarn immer schwächer, die Armee blutete aus. Im Sommer und Herbst 1918 holten die Italiener zum Gegenschlag aus.

So wie die Armeen Rommels in Afrika, so auch am Piave 1917:

Im Stich gelassen von der eigenen Führung. Und es gibt nicht wenige Soldaten, die ich traf, die von Verrat, Sabotage auf höchster Ebene gesprochen haben.

Noch ist dieses Rätsel vom Piave 1917 im Dunkel der Geschichte verborgen. Aber so manches Archiv hat in späterer Zeit Dinge preisgegeben, die Licht in bestimmte Ereignisse brachten. Nicht nur mir, sondern auch anderen Sachbearbeitern ist bekannt, wo die wichtigen Piave-Akten lagern.

Der Einsatz der tapferen Männer, der Einsatz Rommels, ebenso wie der Württemberger, war damals schon von der Sinnlosigkeit gezeichnet. – Höhere Macht – oder Befehl?!

So standen sie also alle, jene tapferen Männer, am Piave vor der Mauer des Schicksals. Wenn ich an die Toten des Gebirgskrieges 1915–18 denke, so denke ich auch an die ergreifenden Worte, geschrieben für die Toten des Wüstenkrieges – Worte, die aber auch für die Toten des Gebirgskrieges gelten könnten:

UEBER GEZEICHNETEM HAUPT DIE NACKTE
GEWALT
DES GESTIRNES ·
UND WIR ERTRUGEN DIE GLUT ·
NAMEN NENNEN EUCH HIER DEN ORT ·
WO WIR KÄMPFTEN UND FIELEN:
WUESTE HEISST DIESER ORT ·
ERDE ·
SPURLOSER SAND ·
WUESTENWIND HUELLTE UNS EIN ·
DIE LEIBER VERSENGEND ·
DIE HERZEN ·
SCHICKSALSSTURM LÖSCHTE DAS LICHT
UNSERES
IRDISCHEN TAGS ·
WAS WIR GEWESEN IHR SEIDS ·
UND WAS UNS VERHÄNGT WAR ·
BEDROHT EUCH ·
LERNT AUS VERWEHTER SPUR ·
SORGT DASS DIE WUESTE NICHT WÄCHST ·

(Inschrift des deutschen Ehrenmals in Tobruk)

HIER RUHEN 31 SOLDATEN UNBEKANNTER
NATIONALITÄT

ALLES NAHM HIER DER TOD:
NAME/ALTER UND VOLK/
NAHM JEDES IRDISCHE MASS/
MACHTE ES WESENLOS +
EINES NUR BLIEB ALS HELLER TON
IN DER DUNKLEN LEGENDE
DIESES MASSLOSEN KRIEGES
IN DER ENTGÖTTERTEN WELT:
WO IHR STANDET IM KAMPF –
OB FEIND OB FREUND ODER BRUDER/
OB BEI DEN SÖHNEN DEUTSCHLANDS/
ITALIENS/ENGLANDS –
RITTERLICH WAR EURE ART/
MENSCHLICH HIER DAS GESETZ +
GOTT ALLEIN KENNT EUCH ALLE +
ER WEISS EURE NAMEN/
FÜGT SIE EIN SEINER STRENGEN
WAHRHAFTIGEN ORDNUNG +
ER HÄLT IN HÄNDEN DIE BITTE
DER LEBENDEN UND DER TOTEN +
+ DIE BITTE UM FRIEDEN +

(Inschrift am deutschen Ehrenmal in El Alamein)

Die Schlacht rollt – Akten-Zitate

Streng geheim !
Zur eigenhändigen Öffnung durch den Kmdt.
(Generalstabsoffz.)
K. k. 22. Schützendivisionskommando
Op. Nr. 422 / 9
Angriffsbefehl

–

Feldpost 385, am 22. Oktober 1917.
Der mit hierstelligem Op. Nr. 419/23 befohlene
Angriff findet am 24. Oktober 1. Jahres statt.
Punkt 11 des sogenannten Befehles hat zu lauten:
2 – 4 h 30 vorm. Gasschießen
Nach 4 h 30 vorm. darf kein Gasschuß mehr fallen.
6 h 30 vorm. allgemeine Eröffnung der Artillerie.
6 h 30 bis 7 h vorm.
Überprüfen der Art.=Schusselemente. Die Stollenbe-
kämpfer setzen nach einigen Kontrollschüssen sofort
mit Wirkungsschiessen auf die fdl. Stollen ein.
7 h Vorm. Feuereröffnen der MW und Wirkungsschiessen der gesamten Artillerie.
8 h 45 bis 9 h vorm. höchste Feuersteigerung der MW.
und der Art.
9 h vorm. Sturm.
…

Die hinter die erste Stellung wirkenden Batterien begleiten die vorgehende Infanterie mit einer derselben
vorgelegten Feuerwand, bis dieses Art.Feuer die
2. Stellung erreicht.
Sobald die 1. Sturmwelle sich der 2. fdl. Stellung nähert, ist das Feuer hinter diese zu verlegen.

Erhalten die mit hierst. 10p. Nr. 419 / 23 beteiligten Stellen.

Müller_{GM}

Müller_{GM}

– – –

Angriffsbefehl
Streng geheim !
Zur eigenhändigen Eröffnung durch den Kommandanten (Stellvertreter: bzw. Generalstabsoffizier).
Zur Durchführung des Angriffes bemerkt das 1. Korpskommando:
Das erste Ziel ist weitgesteckt, denn der erste Erfolg wird nur bei größter Kraftanstrengung zu einem entscheidenden.
Trotzdem müssen wir am Ziel mit kampffähigen Truppen eintreffen. Die Vorrückung darf daher nicht im Vorstürmen der Gros bis zur Erschöpfung und bis zum Zusammenbruch sein; sondern ruhiges, vernünftig geleitetes Vorgehen; Kraft der Truppe und operativen Wert der zu erreichenden Örtlichkeiten abwägendes stetes Vorgreifen von Detachements und Nachfolgen entsprechend ausgeruhter Gros.
Vermeidung jeder Nervosität.
Dazu sind bestimmte, wahrheitsgetreue Meldungen der Truppenkommandanten über die Verfassung der Truppen, persönliches Beispiel aller Offiziere, aber auch persönliche Erkundung des Zustandes der Truppen notwendig.
Jede Gelegenheit zur Rast ausnutzen. Nichts ermüdet mehr, als zweckloses Herumstehen der Kolonnen.

Die Vorrückung wird also darin bestehen, daß ausgesucht starke Offizierspatrouillen ohne Gepäck nur mit Mun. und notwendigster Verpflegung auf taktisch wichtige Punkte ohne Halt vorgehen. Ihnen folgen dicht ausgesuchte Abteilungen mit MG. und Gebirgsart. auch ohne Gepäck, nur mit Mun., notwendigster Verpflegung versehen. Diesen folgen nach notdürftiger Rast (Abessen, kurzer Schlaf) Teile der Gros, welchen dann die besser ausgeruhte Hauptkraft folgt. Bei entsprechendem Wechsel bleibt dann die Vorrückung im Rollen. Die Komm. der Off. Patrouillen und der vorgeschobenen Abteilungen müssen wissen, daß von ihrem raschen, energischen Zugreifen die größten Erfolge abhängen, sie dürfen dem durchbrochenen Feinde nicht Zeit lassen, sich irgendwo wieder geordnet zur Verteidigung zu stellen ...

Müller$_{GM}$

— — —

Anlage 2.
Allgemeine Gesichtspunkte für die Kampfführung der Artillerie.
Es ist anzustreben, sämtliche im Gefechtsstreifen eines Verbandes gelegenen Ziele – Befestigungsanlagen – gleichzeitig zu bekämpfen.
Reichen die Kräfte dazu nicht aus, um auch die rückwärtigen Höhenstellungen alsbald gleichzeitig sturmreif zu schiessen, ist ihre Besetzung durch Abschnüren, namentlich auf den Zugangswegen, von Anfang an zu verhindern. Feuerwellen von allen Batterien von etwa 10 min. Dauer sind einzustreuen ...

An den Grenzen der Divisions-Streifen muss die Wirkung um etwa 100 m übergreifen, um jedenfalls feuerfreie Räume zu vermeiden ...

Zerstörung von Drahthindernissen (Gasse-Schiessen) ist als besondere Aufgabe zu erteilen. Die den Dionen zugeteilte Gebirgsartillerie nimmt allgemein an der Vorbereitung des Angriffs nicht teil; sie steht verlastet bereit, um das Vorgehen der Infanterie alsbald zu begleiten.

Zuteilung an die einzelnen Inf. Verbände, frühzeitige Erkundung der einzelnen Bereitstellungsorte, Mitnahme ortskundiger Führer erforderlich ...

Die Feuerwirkung muss die Infanterie möglichst bis zum Tagesziel begleiten.

Für die Richtigkeit:
Fhr. v. Willisen m. p.
Mjr. im Generalstabe.

— — —

Zur eigenhändigen Eröffnung d. d. GsbtsChef.
K. u. k. 1. Korpskmdo.
Op. Nr. 226/15
Verfolg der Angriffsbefehle

1. Die ununterbrochene Unterstützung der Infanterie durch die fahrende Artillerie beim Angriff ist zu .. gewährleisten durch
a. Vorschieben von Beobachtungsstellen auf Matajur gleichzeitig mit dem Vorgehen der Infanterie.
b. eingehende Wegerkundung im Feindgebiet ...

Es wird von den Ereignissen abhängen, ob die 55.I.D. oder die in 2. Linie folgende 8.RD. früher den Raum Karfreit erreicht ... für die betreffende Dion. gilt als Aufgabe den Mte. Matajur zu erreichen.

... Es ist möglich, dass im Raume Karfreit–Mte. Matajur nicht die an uns jetzt anschliessende 50.I.D., sondern die 12.I.D. oder als Alpenkorps mit der südl. Dion des I. Korps in Verbindung treten wird.

A. Krauß_{m. p.} GdI

– – –

K. u. k. 10. Armeekommando (Q.Abt.)
Q.Op.Nr. 4 1 4 0

Verschluss!
V E R S C H L U S S ! !

Merkblatt.
Für das Verhalten gegenüber verbündeten Truppen.
1. Befehl Kommando SW.Front Op.Nr. 20735 vom 22./9. l. Jahres
Den deutschen Truppen ist jede notwendige Unterstützung kameradschaftlichst zu gewähren, die mit unseren Mitteln vereinbar ist.
Die für unsere Truppen geltenden Vorschriften hinsichtlich der Schonung der Bevölkerung sind auch von den deutschen Truppen zu beachten.
Die polit. Behörden wurden hiervon mit dem Ersuchen verständigt, die Bevölkerung diesbezüglich zu orientieren und dahin aufzuklären, dass etwaige An-

liegen im Wege der polit. Behörden oder im Wege der Etappenstationskommandos dem Armeekommando zur Kenntnis gebracht werden können, das die Austragung veranlassen wird.

Es wird sich empfehlen österr.ung. und deutsche Truppen nach Möglichkeit nicht im gleichen Orte unterzubringen.

Für deutsche Kantonierungsorte ist das k. u. k. Etappenstationskommando in dessen Rayon der Ort liegt – zuständig.

Ergeben sich besondere Anstände, ist dem Armeekommando Meldung zu erstatten.

Befehl AOK Ch. d. Gstb. Q.Nr. 157593 vom 22./9. l. J.

Bezüglich der Verpflegung der im Verbande der Armee i. Felde stehenden verbündeten Truppen wird verfügt:

a.) Verpflegung verbündeter Truppen grundsätzlich durch Nachschub aus ihrer Heimat. Nur wenn unvorhergesehene Störungen in diesem Nachschub eintreten, werden, um die Verpflegung dieser Truppen nicht zu gefährden unbedingt nötige Aushilfen abgegeben …

c.) Den Verbündeten kann auch mit Rücksicht auf die äusserste Knappheit der Lebensmittel der Zivilbevölkerung das Recht des Kaufes im Armeebereiche nicht zugestanden werden …

III. Die Versorgung deutscher Truppen mit Kartoffel und Rauhfutter hat grundsätzlich durch Zuschub aus Deutschland zu erfolgen …

— — —

Befehl AOK. Pers.Nr. 42.912 res. v. 1914:
Die in der deutschen und österr.ung. Armee zum Teil voneinander abweichenden Vorschriften und Gebräuche bzgl. der Ehrenbezeugungen und des Verhaltens bei ausserdienstlichen Zusammentreffen von Offizieren haben mehrfach zu Missverständnissen und Misshelligkeiten geführt.
Um solche Vorkommnisse in Zukunft zu verhindern, bitte ich überall, wo ein Zusammentreffen von Angehörigen beider Armeen möglich ist, folgende Punkte bekannt zu geben:
1. In der deutschen Armee beginnen Ehrenbezeugungen von Unteroffizieren und Mannschaften sechs Schritt, in der öst.ung. Armee dagegen drei Schritt vor den begegnenden Vorgesetzten.
2. In der deutschen Armee erwidert von mehreren Offizieren nur der rangälteste den Gruss der Unteroffiziere und Mannschaften, während in der österr.ung. Armee sämtliche Offiziere den Gruss erwidern.
3. In der österr.ung. Armee ist es einer Vorschrift gleichzuhaltender Brauch, dass Offiziere, die in einem Eisenbahnabteil oder einem geschlossenen Zimmer zusammentreffen, sich einander vorstellen und zw. der jüngere dem älteren.
In der deutschen Armee ist dies nicht ohne weiteres gebräuchlich. Hält der Offizier aber bei längeren Eisenbahnfahrten oder anderen Gelegenheiten eine Vorstellung für erwünscht, so verstößt es nicht gegen deutsche Gebräuche, wenn der jüngere Offizier sich dem älteren vorstellt ...

Müller GM

K. u. k. Korpskommando
Op.Nr. 217/7 a.
Lichtsignale
Zur eigenhändigen Eröffnung
durch den GstbsChef.

Mit der vom AOK ausgegebenen »Instruktion für das Signalisieren mit pyrotechnischen Mitteln« wurden für die Verständigung zwischen Inf. u. Art. folgende Lichtsignale normiert:

Rotes Licht bedeutet: Feind greift an, vermehrte Art. Wirkung erforderlich.

Grünes Licht bedeutet: Eigene Truppen gefährdet, Feuer feindwärts verlegen.

Gelbes Licht bedeutet: Feuer einstellen.

Die Bestimmungen dieser Vorschrift sind bindend. Andere Signale dürfen mit pyrotechnischen Mitteln nicht gegeben werden. Eine Ausnahme findet nur dort statt, wo k. u. k. Truppen in deutschen Verbänden deutsche Signale zu geben haben.

Für die Dauer der Unterstellung des I. Korps unter deutsches AOK 14 haben daher folgende für den Bereich der 14. Armee anbefohlenen Lichtsignale Gültigkeit:

Weiße Leuchtkugeln bedeuten: Erreichte vordere Linie.

Grüne Leuchtkugeln bedeuten: Feuer vorverlegen.

Rote Leuchtkugeln bedeuten: Anforderung v. Sperrfeuer.

Diese Signalzeichen stimmen im allgemeinen mit den vom AOK. Baden festgesetzten überein. Zur Vermeidung von Irrtümern hat jedoch für das I. Korps das normierte »gelbe Licht« bis auf weiteres zu entfallen. Obige Zeilen müssen von allen Offizieren gekannt sein.

A. Krauß m. p. GdI

Der Isonzo-Raum als historisches Schlachtfeld

Der Isonzo (ital.), die Issnitz (deutsch), die Soca (slowenisch) hat seine Heimat in den Zauberbergen Dr. Julius Kugys – in den Julischen Alpen. Drei Namen hat der Fluß – drei Sprachen nennen ihn jeweils anders – drei Völker leben in seinem Ursprungsbereich ...

Noch 20–30 Jahre vor diesem großen Krieg lebten die Menschen in den Julischen Alpen – die Deutschen, die Slowenen, die Italiener friedlich, ohne Nationalismen, ohne Haß – ein Leben einschichtiger Bergvölker: Jäger, Bauern, Wilderer, gutbürgerliche Kaufleute in den Durchzugsorten. Man heiratete untereinander ohne Ansehen der Nationalität, man liebte, man stritt, man starb.

Über allem standen die Felsburgen der Julischen Alpen, umgeben von Sagen und Legenden. Und lange ehe die ersten alpinen Erschließer die Gipfel betraten, die Wände durchkletterten – schlichen die Gamsjäger und Wilderer über die breiten Schuttbänder, die jede Felsmauer in den Julischen Alpen durchziehen.

Die Kraft, der Mut, das kalte Auge dieser Jäger und Wilderer gingen in das Geschichtengut der Menschen in den Tälern ein. Jene Männer, die durch die Wände schlichen, mit dem Stutzen in der Hand, erhielten Beinamen, die alles sagten:

»Der Bär«, »Der Starke«, »Der Gamskönig«.

Tief zwischen den Bergen rauschten die grünen Wasser zu Tal, umspielten die Felsbrocken in ihrem Flußbett oder donnerten als fürchterliche Hochwasser hinaus in die Tiefebene – alles zerstörend, mit sich reißend, in wenigen Stunden anschwellend von 30 m auf 300 m Breite.

Die Politik – das Machtstreben der großen Staaten – lehrten auch in den einsamsten Bergtälern die Bewohner, daß Deutsche, Slowenen, Italiener ganz unterschiedlich seien und daß überhaupt jeder von ihnen Alleinanspruch auf das ganze Land habe.

Der einst göttliche Friede war gestört, der Mensch wurde zum Raubtier, die geistigen Grundlagen für den Krieg entstanden.

Schatten legten sich über die stillen Berge, über die grünen Täler und über deren Bewohner ...

Im Isonzoraum kam es im Reigen der Geschichte öfters zu kriegerischen Auseinandersetzungen – allerdings meist nur zu kleineren Durchzugsgefechten.

»Durchzugsland ward es Caesars Legionen, oft den Heeren der Gegenkaiser, die mit dem Schwerte ihre Anerkennung in Rom erzwingen wollten; den Scharen der Völkerwanderung, den Avaren und Slawen, bis endlich Kaiser Otto I. Friaul mit dem Isonzo zu dem auch äußerlich machte, was es durch die Völkerwanderung auch innerlich geworden ... er riß es von Italien los und vereinte es mit Deutschland. Durchzugsland ward es auch in den Napoleonischen Kriegen der Jahre 1797, 1805 und 1813. Bei Versa, 6 Kilometer westlich Gradiska, endeten schließlich die letzten Plänkeleien des Krieges vom Jahre 1866.

Mehrjährige Kriege hingegen gab es am Isonzo nur von 1508 bis 1517, von 1615 bis 1617 und genau dreihundert Jahre später von 1915 bis 1917« (Alexander Hübner, Major im Generalstab, 1918).

Der Durchbruch von Flitsch und Tolmein

Der Kaiser und König Karl I. befehligte selbst die großen Heermassen in der Durchbruchsschlacht. Ihm unterstanden die Truppen der Feldmarschälle Conrad und Erzherzog Eugen.

Die Gruppe Eugen stand im Raum Flitsch. Im Abschnitt Tolmein aber lag die XIV. deutsche Armee unter dem Kommando der Generäle v. Below und Krafft von Delmensingen.

Quer in den Weg der Angriffstruppen gestellt sind der Stol und der Matajur, der Kolowrat, der Krn, der Vrsic. Der Überwindung dieser, von Italienern besetzten Felsbarrieren, galt daher in den ersten Tagen der Schlacht das Hauptaugenmerk der Kommandostäbe.

Bis zum 25. Oktober hatten die angreifenden Truppen im Raum Flitsch 3000 Gefangene, 80 Geschütze, und sehr viel Kriegsmaterial »eingebracht«. Desgleichen war der Durchbruch von Tolmein vom selben Erfolg getragen.

Die Einleitung des Angriffes um Tolmein ging nach den gleichen Prinzipien wie in Flitsch vor sich: Gaskampf, Artilleriefeuer, Infanterie dringt vor. – Schon nach wenigen Tagen standen die deutschen Truppen auf dem kriegsentscheidenden Sperriegel des Monte Matajur (Erwin Rommel und seine Württemberger), stürmten den Kolowrat-Rücken (wieder Erwin Rommel mit den Württembergern), bosnisch-herzegowinische Truppen nahmen den Monte Mia. Auf der Hochfläche von Bainsizza gingen österreichisch-ungarische Divisionen unter Feldmarschalleutnant Kossak erfolgreich vor. Ungarn nahmen den Monte San

Gabriele, die Männer des berühmten Generals Boroe-
vic warfen die Italiener am Lauf des Isonzo. Der Krn
wurde von Männern der Division Gerabek überrannt,
der Stol von Tiroler Kaiserschützen. Die Bastion des
Vrsic-Gipfels wurde durch eine Minensprengung von
Oberleutnant Mlakar – der bereits 1916 den Cimone
bei Arsiero sprengte – genommen.

Der Weg aus den Bergen in das Tiefland war frei.
Flitsch–Tolmein–Karfreit gingen als Begriffe in die
Kriegsgeschichte der Menschheit ein.

Vorwärts zum Tagliamento!

Die Soldaten der Gruppe Krauß und der Gruppe unter v. Below stürmten vor zum Tagliamento – beide Heeresgruppen trugen die Hauptlast der »Forcierung« des Tagliamento. Die Forts, die Batterien, die Stellungen und Gräben der Italiener – »Friaul Nord« – und »Friaul Süd« – wurden überwältigt. Görz – Cividale – Udine gehörten bald den Angreifern. Am Samstag, dem 27. Oktober, verließ Cadorna fluchtartig Udine. Und wiederum standen am Tagliamento ganz vorne die Württemberger. In den ersten Tagen des November erreichten die Offensivtruppen Positionen östlich des Tagliamento.

Inzwischen setzten sich die Verteidiger der Hochgebirgsfront in Bewegung. In ebenso kühnem Zugriff wie die Truppen des Raumes Flitsch–Tolmein–Karfreit drangen sie nun ihrerseits von Norden gegen die Tiefebene vor:
Die karnisch-julische Front der Italiener bricht mitsamt der Dolomiten- und Fleimstaler Front wie eine zerrissene Kette auseinander. Nach wenigen Tagen erklingt in Belluno und in Feltre der Radetzky-Marsch ...

Allein, der Angriff gegen Longarone bereitete unerwartete Schwierigkeiten, ja schien sogar ins Stocken zu geraten. Aber auch hier klärten die Württemberger mit Erwin Rommel und Major Sproesser als einzige die Situation.
»Nach Longarone führen zwei Wege. Beide sind tief

geschluchtet und übersetzen in vielfachen Kehren mächtige Pässe. Der nördliche Weg ist kürzer, des Geländes wegen jedoch mühsamer. Er geht über die Forcetta claudana [Anm. d. V.: der Klautaner Paß]; der südliche läuft über Barcis. Beide vereinigen sich östlich Cimolais, von wo der Weg in die Vajontschlucht nur noch 12 km bis Longarone läuft.

Über die Forcetta claudana marschierte die 43. Schützenbrigade, der sich wieder ein württembergisches Jägerbataillon unter seinem hervorragenden Kommandanten, dem Major Sproesser, *vorgeschoben* hatte ...

Nun stand im Vajonttale der Weg nach Longarone frei. Es marschierten *vorne* die Württemberger, dann die 43. Schützenbrigade, die Edelweißdivision und die Brigade Dietrich. Der Marsch nach Longarone führte zum endgültigen Zusammenbruch der Piavefront im Gebirge« (Alexander Hübner, Major im Generalstab, 1918).

Diese Worte Hübners belegen eindrucksvoll die Bedeutung des Vordringens gegen Longarone. Wer aber hat Longarone de facto genommen? Erwin Rommel und die Württemberger schafften diese entscheidende Hürde ...

»In Longarone war schon der Feind. Major Sproesser schätzte ihn auf 4000 Mann. Sofort ließ er seine Württemberger herunter in das Piavetal rücken ... Jetzt bemerkten die Italiener uns ... sofort griffen sie die Württemberger an ... gegen 9 Uhr vormittags rückten die Württemberger nach Longarone. Die Beute von Longarone waren 2 Stabsoffiziere, etwa 10000 Mann,

50 Pferde, 18 Geschütze, 26 Maschinengewehre, 6 Granatwerfer und viel sonstiges Kriegsgerät. Mit der Gefangennahme der 10 000 bei Longarone brach der letzte große Widerstand des Feindes …

Die Operationen an dem Piave, besonders die Tage des 7., 8., 9. und 10. November zählen in ihrer Art zu den herrlichsten … sie sind Dokumente des Ruhmes der kleinen Führung. In engen, steilrandigen Tälern laufen einzelne Kompanien und Bataillone dem zurückgehenden Feind nach. Ihre Kommandanten bekamen nur ganz weitgesteckte Ziele. Sie wissen nichts anderes als: der Feind ist im Rückzuge. Er ist viel stärker als sie … er hat viel Munition und sie fast keine. Denn das eigene Fähnlein besitzt nur, was der einzelne Soldat bei sich trägt …

Nur eins erfüllte alle: Tollkühnes und initiatives Handeln« (Alexander Hübner, Major im Generalstab, 1918).

Der Weg zum Piave war frei: In wenigen Tagen, bereits am 9. November, standen die ersten Truppen Österreich-Ungarns und des Deutschen Reiches am Ostufer des Flusses.

Nur des Sprunges über den Fluß hätte es bedurft – allein, er wurde nicht gewagt. Am Piave entschied sich das Schicksal der kaiserlichen Armeen:

»Ein Sieg, der den Weltkrieg hätte entscheiden können. Mit Otto von Below und Alfred Krauß wären wir bis Genua gezogen … Kein Ziel schien uns zu weit gespannt … als daß es nicht Wirklichkeit hätte werden können. Hinter uns lagen die elf blutigen Abwehrschlachten am Isonzo … vor uns eine weltgeschichtliche Tat, die zur Vollendung nur eines mannhaften Entschlusses bedurft hätte.

Aber niemand von denen, die ganz oben saßen, begriff den Stern der Stunde oder, was noch schlimmer ist, wollte ihn begreifen. Böse Gerüchte gingen um. Ängstlich krochen die Finger auf den Landkarten dem Triumphmarsch der Armee nach. Perücken wurden geschüttelt, und es entstäubte ihnen der Moder von anno Hofkriegsrat. Wie? Was? Österreichs Soldaten an der Livenza? Am Piave? Hatte man nicht den Tagliamento als äußerste Grenze ihres Vormarsches bestimmt? Und nun waren sie bis an den Piave gelaufen?

Nein, sie begriffen nichts von der Bedeutung dieses Sieges. Wir überschritten den Piave, sahen neuen, ungeheuren Raum vor uns aufgerissen; sahen uns in neuen Gewaltmärschen hinter den Trümmern der italienischen Armee herjagen, sie immer wieder treffen, zermalmen, vernichten.

Ein Befehl rief uns zurück. Wir gruben uns in die Erde und warteten.

Die Eisenbahnen in unserem Rücken wurden hergestellt. Wir warteten. Die reichsdeutschen Truppen gingen nach Flandern und in die Champagne. Wir warteten. Ein langer Winter kam, unsere Gräben liefen voll Wasser, wir froren, hungerten und warteten. Indessen mußten Österreichs beste Regimenter, die Sieger von Flitsch, in nutzlosen Angriffen auf die verschneiten Berge der Sieben Gemeinden verbluten. Die Lehre von Flitsch war umsonst gewesen. Man focht wieder um die ›beherrschenden Höhen‹. Und das im Dezember!

Wir am Piave aber warteten weiter. Der größte Sieg des Weltkrieges zerbröckelte zu einem Trümmerwerk nichtiger Episoden. Als wir uns im Juni 1918 noch einmal aufraffen sollten, stand Altösterreichs Schicksalsspruch schon flammend in den Himmel geschrieben: Zu spät!« (Fritz Weber: »Das Ende der alten Armee«.)

Totentanz am Monte Grappa

Die neue Hauptkampflinie erstreckte sich daher –
aufgrund des Stillstands am Piave – von dessen Mün-
dung bis nach Quero im Bereich des Gebirgsstockes
des Monte Grappa. Hier, um dieses Massiv konzen-
trierten sich nun die weiteren Kämpfe in furchtbaren
Blutbädern, schrecklichen Nahkämpfen:
Nur von Zeltplanen notdürftig umhüllt, liegen die
Männer im eisigen Schweigen der Nächte, schon bald
überzog Schnee – wie ein Leichentuch – die Angreifer
und Verteidiger. Der Grappa aber entwickelte sich
zum Brechpunkt der neuen Frontlinie, hier wurde mit
erbitterter Kraft gerungen. Und noch einmal standen
die Württemberger mit Erwin Rommel auf diesen mit
Blut getränkten Bergen.

Weit über 100 km stießen die Offensivtruppen der
12. Isonzoschlacht in das italienische Gebiet hinein.
Was leisteten die Württemberger unter Rommel
und Sproesser? Wie ging Rommel vor? Wie beurteilte
er die Lage? Darüber mehr bis zum Ende des Buches!

Rommel und das Württembergische Gebirgsbataillon in den Kämpfen von Flitsch–Tolmein bis zum Monte Grappa: »Deutsche Truppen für Österreich-Ungarn«!

Dieses Buch verfolgt zweierlei publizistische Ziele:

Einerseits die exakte und präzise Integrierung der Kampfhandlungen, an denen Rommel teilnahm, in das Gesamtgeschehen der Gebirgsfront 15–18 – und hier wiederum selbstverständlich in die entscheidende Periode der 12. Isonzoschlacht –, andererseits aber soll dieses Buch belegen, wie Rommel als Mensch, Soldat und Offizier im Felde vorging.

Zeigte Rommel bereits damals, vor fast 60 Jahren, Ansätze für jenes geniale Verhalten im Felde wie im Weltkrieg-II?

Oder waren es mehr als Ansätze? Zeigte bereits der junge Offizier konsequentes taktisches Verhalten schon damals?

Wie war er als Mensch, als Gefährte seiner Kameraden?

Nun, ich möchte es jetzt schon im voraus sagen: In beiden Kriegen finden wir nur Parallelen im militärischen Verhalten Rommels – das, was Rommel im Weltkrieg-II an taktischem Können einsetzte, mutet wie eine logische Fortsetzung seines Verhaltens an der Italienfront an. Sicher: In beiden Kriegen operierte Rommel auf ganz verschiedenen militärischen Rang- und Befehlsebenen.

An der Isonzofront befehligte der junge Offizier auf Kompanieebene, öfters auch im engsten Verband mit anderen Einheiten. Der Zweite Weltkrieg dagegen führte Rommel zu höchstem Einsatz auf höchster Ebene – als Feldherr.

Und dennoch:

Der junge Offizier des Ersten Weltkrieges mußte im Verlauf der Isonzofront meist selbständig, schnell und unkonventionell entscheiden. Sein spezifisches Vorgehen zeigt uns eine ausgeprägte Vorliebe für taktisch schlaue, ja oft sogar überaus listige Umgehungsmanöver mit nachfolgendem Angriff und Einbruch in die gegnerischen Stellungen – dort, wo niemand damit rechnete ... Gleichzeitig dazu achtete er als Kommandant sorgfältigst auf Schonung des Lebens seiner Kameraden. Jede seiner Entscheidungen war von tiefer menschlicher Sorgfaltspflicht geprägt. So vereinte Rommels Vorgehen größte Erfolge mit minimalsten Verlusten.

Sich selbst und seinen Leuten verlangte er körperlich ein bewundernswertes Höchstmaß an Robustheit und Ausdauer ab – aber Rommel lebte dies seinen Kameraden vor.

Bemerkenswert ist darüber hinaus der Faktor, daß das Kampfgeschehen und das Angriffsgelände von Rommel sowohl infanteristisches als auch – ein enorm wichtiges – gebirgssoldatisches Taktieren erforderten.

Wir werden im Verlauf der weiteren Berichte dieses Buches sehen, daß bestimmte Gefechte beide Gesichtspunkte in sich vereinigten. Zusätzlich erlebte Erwin Rommel im Rahmen der Gesamt-Offensive das Vorgehen zahlreicher Truppenverbände in Armee- und Korpsstärke und natürlich bis hinunter in Regimentsstärke oder noch kleinerer Einheiten, etwa in

Form alpiner Detachements, Streifkompanien und Sturmtrupps.

Aus all diesem hatte bereits damals Rommel Folgerungen für die Zukunft gezogen. Wir können mit Fug und Recht sagen, daß für das militärische Leben Rommels in der Zeit von Flitsch–Tolmein bis zum Monte Grappa wertvolle Erfahrungen fixiert wurden.

In den Wochen vor der großen Offensive wird das Württembergische Gebirgsbataillon in den Verband der neuaufgestellten 14. Armee integriert.

Ab dem 18. Oktober setzt sich das Bataillon gegen den Einsatzraum hin in Bewegung. Sämtliche Anmarsch- und Nachschubwege werden von den Italienern eingesehen – und daher auch beschossen. In harten Märschen, durch das Gebirge, erreicht das Bataillon – ausschließlich in der Nacht – den Einsatzraum. Das erste vorläufige Ziel ist Kneza, knapp hinter Tolmein (östlich). In den nächsten Tagen besichtigen die Offiziere den Bereitstellungsraum – die Hänge des Buzenika-Berges nächst Tolmein. Im ständigen aufstrahlenden Licht italienischer Scheinwerfer beziehen die elf Kompanien der Württemberger in der Nacht vor dem Angriff die Bereitstellung. Im Augenblick des Aufleuchtens der Scheinwerfer müssen sich die Männer, bewegungslos verharrend, dem Gelände anschmiegen. Im Schutze des Dunkels der Nacht erfolgt das Eingraben der Männer in eine Geröllhalde. Mit Mühe und Not gelingt es, dieses Unternehmen noch vor Tagesanbruch zu vollenden.

Das Tageslicht des 24. Oktober blickte auf eine Geröllhalde, die so wie jede im Gebirge aussah.

Und dennoch: Verborgen unter Zeltplanen, getarnt, lag ein ganzes Bataillon bereit zum großen Angriff.

Der Italiener konnte nichts bemerken. – Das Wetter kommt den Intentionen der Angreifer entgegen – es ist trübe bis regnerisch. Die Natur verbündet sich mit den österr.-ung. und deutschen Truppen.

Der erste Angriff

Am 24. Oktober überschüttet ein wahnwitziges Artilleriefeuer von 2 Uhr in der Nacht bis in die Morgenstunden die italienischen Stellungen. Im strömenden Regen setzt sich das Württembergische Gebirgsbataillon in Bewegung. Nur mehr wenige hundert Meter sind die Soldaten von der ersten feindlichen Stellung entfernt. Schlagartig verlagert sich das Artilleriefeuer auf die zweite italienische Stellungslinie. Der Angriff der Männer beginnt zu rollen. Rasch und zügig wird der Raum um St. Daniel erreicht, und weiter geht es zum Abhang des Hevnik.

Ohne von den Italienern belästigt zu werden, schleicht die Angriffsgruppe durch dichtes Unterholz, Gestrüpp und durch Hochwald. Die Ruhe wird unheimlich – irgendwo muß doch der Feind stehen … Als dann kurz darauf die Spitze der Gruppe tatsächlich mit MG beschossen wird, wird Halt geboten.

Rommel erachtet ein weiteres Vorgehen als zu verlustreich und beschließt eine Teilung der Gruppe.

Rommel umgeht mit seinen Leuten die gefährdete Zone und schleicht durch eine steile Rinne aufwärts. Mit Hilfe eines Spähtrupps wird ein Teil der italienischen Stellung lautlos überwältigt. Das Gros der Abteilung Rommel steigt kämpfend gegen den Hevnikgipfel an. Hier öffnet sich der Blick gegen den Kolovratrücken. Die Württemberger beziehen ein feuchtkaltes Nachtlager auf den Hängen des Hevnik.

»Im Halbschlaf überlege ich mir dir Fortführung des Angriffs. Frontal? Ohne gründliche Unterstützung durch die Artillerie, die frühestens in den ersten

1917: Brückenkopf von Tolmein (oben) und Talbodenstellungen bei Flitsch (unten).

1917: Flitscher Becken mit Feldwache links vorne; Talbodenmitte der Ravelnik; rechts der Ort Flitsch; am Horizont der Rücken des Mte. Stol, davor Saga; ganz rechts im Bild der Rombon-Hang.

1917: Flitscher Becken mit Ravelnik (vorne), Mte. Stol (hinten).

1917: Flitsch vom Gipfel des Ravelnik (oben), Gipfelrücken des Ravelnik (unten).

**1917: Flitscher Becken mit Schneegipfel des Rombon. Das Bild zeigt die Durchbruchslage
»aus den Bergen herausstoßend, in die Täler eindringend, die Tiefebene erlangend«.**

1917: Isonzo-Karstfront; Bild unten, rechte Hälfte: Reichsdeutsche Soldaten.

Tagesstunden des 25. Oktober einsetzen kann, erscheint mir die Fortsetzung des Angriffes aus den bisher erreichten Stellungen gegen das gewaltige Stellungssystem des Gegners auf Kolovrat nicht möglich.

Will man auf die sehr zeitraubende Artillerieunterstützung verzichten, so kommt in Frage, an einem bisher nicht angegriffenen Teil der 3. italienischen Stellung ... überraschend einzubrechen. Hier bieten sich also gute Aussichten für die unternehmungslustigen Führer und Schützen des Württembergischen Gebirgsbataillones« (Rommel: »Infanterie greift an«).

Der 2. Angriffstag 25. Oktober 1917
Überraschender Einbruch in die Kolovratstellung

»Bei beginnender Dämmerung am 25. Oktober 1917 verlasse ich mit 2. Komp. und 1./MGK. den Westteil der Felsenkrone bei 1066. Durch eine schmale, steile Rinne steigen wir in nordwestlicher Richtung nach einem dichteren, etwa 50 m tiefer liegenden Buschwerk ab. Jedoch der sehr aufmerksame Feind erkennt diese Bewegung und verursacht mit MG.-Feuer einige Verluste an Leichtverwundeten. Bald hat alles die deckenden Buschgruppen erreicht. Hier stößt die 3. Komp. zu der Abteilung Rommel. Oben bei Höhe 1114 entbrennt heftiges Feuergefecht.

Ehe wir den Vormarsch antreten, werden die Kompanieführer über das beabsichtigte Unternehmen unterrichtet. Ich will 200 bis 400 m unterhalb der feindlichen Kolovratstellungen am steilen Nordhang nach Westen ziehen, mich etwa 2000 m vom Kampfgetümmel bei 1114 absetzen und dann im Gelände eine günstige Gelegenheit zu überraschendem Angriff auf die 3. feindliche Stellung suchen und ausnützen. Besonders wichtig ist, daß aus der italienischen Stellung die ganze Bewegung nicht beobachtet werden kann.

Die 2. Komp. unter Leutnant Ludwig schiebt eine Spitze vor, die ich selbst durch Zeichen leite, 30 m hinter der Spitze gliedert sich der Abteilungsstab (Adjutant, etliche Melder, Fernsprechtrupp) ein. Der Fernsprechtrupp legt während des Vorgehens Drahtverbindung mit dem Gefechtsstand des Major Sproesser auf 1066. Weitere 50 m rückwärts folgen in Reihe 2. Komp., 1. MGK., 3. Komp.

Die Bewegung nach der kalten, in nassem Zeug verbrachten Nacht ist außerordentlich wohltuend. Den Morgenkaffee hatten italienische Konserven ersetzen müssen. – Links rückwärts bei 1066 und 1114 schwillt der Gefechtslärm immer mehr an, je heller es wird. Von diesem Kampflärm entfernen wir uns. Geräuschlos pirscht sich die Abteilung von Busch zu Busch, von Hang zu Hang. Zunächst erlauben Geländeform und Bewachsung, knapp 200 m unterhalb der feindlichen Stellungen entlangzuziehen, dann zwingen die auf den kahlen Kuppen des langgezogenen Kolovratrückens sichtbar werdenden Hindernisse zu zeit- und kräfteraubenden Umwegen talwärts. Dort oben in den feindlichen Hindernissen, vielleicht sogar davor, spähen die Augen zahlreicher Posten nach den Hängen, auf denen wir uns bewegen. Sieht uns auch nur ein einziger, so wird er alarmieren und damit ist das ganze Gelingen meines Unternehmens sehr in Frage gestellt, wenn nicht unmöglich gemacht.

Stets lasse ich halten, sobald sich eine persönliche Erkundung der Annäherungsmöglichkeiten nötig erweist. Es hängt so viel davon ab, den richtigen Weg zu finden. – Mit allergrößter Vorsicht überqueren wir mehrere tief eingeschnittene Schluchten, dann geht's wieder auf grasigem Hang vorwärts. Nicht nur nach links oben, sondern auch nach vorwärts und rückwärts muß die Kolonne der Sicht des Gegners entzogen sein. Wie es oben auf den kahlen Höhen aussieht, können wir nur vermuten. Die durchlaufenden, hohen Hindernisse lassen auf starke Stellungen schließen. Da die Buschgruppen, je höher man steigt, um so seltener werden, ist eine gedeckte Annäherung nur in den schmalen Rinnen möglich, die sehr zahlreich den Hang durchfurchen.

Über eine Stunde sind wir bereits unterwegs und haben etwa 2000 m Luftlinie zwischen 1066 und uns gebracht. An keiner Stelle sind wir seit dem Verlassen von 1066 vom Feind angeschossen worden. Aus Richtung 1114 tönt immer wieder recht lebhaftes MG.-Feuer herüber. Ob das Leib-Regiment angreift?

Oberhalb liegen die Kuppen des Kolovratrückens mit ihren Befestigungen in der Morgensonne, die einen herrlichen, warmen Herbsttag verspricht. Tiefe Stille rings um uns. Etwa 200 m unterhalb der feindlichen Hindernisse pirscht sich die Spitze an einigen Buschgruppen vorbei in eine Mulde vor. Ich überlege eben, ob und wo ich den wenige 100 m vor uns liegenden, kahlen, scharfen Rücken überqueren kann, da höre ich in meinem Rücken ein leises Geräusch. Zurückschauend sehe ich einige Gebirgsschützen der 2. Komp. in einer größeren Buschgruppe unterhalb des von der Spitze begangenen Weges untertauchen.

Was geschieht? – Die Schützen am Anfang der 2. Komp. haben in jener Buschgruppe am Hang unterhalb schlafende Italiener entdeckt. Sie heben in den nächsten Minuten eine italienische Feldwache von 40 Mann mit zwei MG. aus. Dabei fällt kein Schuß, kein lautes Wort. Zwar flüchten einzelne feindliche Posten, so rasch sie die Beine tragen, talwärts; aber sie vergessen erfreulicherweise in der Aufregung, die Stellungsbesatzung oberhalb durch Schüsse oder Zuruf zu alarmieren. Ich sorge dafür, daß ihnen auch unsererseits kein Schuß nachgejagt wird.

Diese Feldwache hat wohl die Aufgabe gehabt, die

auf dem Kolovratrücken befindliche Stellungsbesatzung vor Überraschungen aus dem Isonzotal zu sichern. Wahrscheinlich hat sie noch mehrere schwache Postierungen in den Buschgruppen etliche 100 m unterhalb stehen. Diese Sicherungen erwarten uns anscheinend nur aus dem Isonzotal. Daß wir von Osten, aus Richtung 1066, anrücken können, ist nicht bedacht worden.

Nachdem die Hauptsicherung vor der feindlichen Stellung lautlos ausgehoben ist, hat der von mir geplante überraschende Einbruch in die Kolovratstellungen hier besonders gute Aussichten auf Erfolg. Die Annäherungsmöglichkeiten an die Hindernisse oberhalb sind günstig. Vor allem ist der tiefste Teil der Mulde, in der die Spitze augenblicklich hält, von den Stellungen auf den Höhenrücken beiderseits der Mulde nicht einzusehen. Ich entschließe mich, hier den Einbruch zu wagen.

Die Gefangenen werden ans Ende der Kolonne genommen. Die Spitze lasse ich in der Mulde bis auf 100 m an die feindlichen Hindernisse aufsteigen. Der oberste Teil der Hindernispfähle ist jetzt gerade noch zu sehen. Die Spitze übernimmt die Sicherung für die Bereitstellung der Abteilung zum Einbruch. Äußerst vorsichtig ziehe ich die einzelnen Kompanien nacheinander in der Mulde herauf und lege sie nebeneinander, gedeckt gegen die feindliche Stellung, bereit.

Der Raum ist eng, die Massierung sehr stark. Ich unterrichte rasch die Führer über meine Absichten. Daraufhin wird die Bereitstellung mit allergrößter Vorsicht bis dicht hinter die Spitze – also auf 100 m an die feindlichen Hindernisse heran – vorverlegt. Die Hänge sind sehr steil und stark gewölbt.

In der Stellung vor uns regt sich nichts. Weit links drüben bei Höhe 1114 herrscht immer noch starker Kampflärm.

Mein Adjutant, Leutnant Streicher, bietet sich an, die Hindernisse vor uns auf Stärke und etwaige Lükken zu erkunden und nötigenfalls Lücken zu schneiden. Ich gebe ihm fünf Mann der 2. Komp. und ein l.MG. mit. Der Spähtrupp bekommt Weisung, nur im Falle der Not von der Schußwaffe Gebrauch zu machen. – Streicher kriecht mit seinen Leuten nach oben. Leutnant Ludwig läßt durch einige Schützen Verbindung mit dem Spähtrupp halten.

Inzwischen hat der Fernsprechtrupp die Verbindung mit dem Gefechtsstand von Major Sproesser (bei 1066) hergestellt. Ich melde den bisherigen Verlauf der Unternehmung und meinen Entschluß, demnächst überraschend in die feindliche Kolovratstellung, etwa 800 m ostwärts 1192, einzubrechen. Ferner bitte ich für den Fall des Gelingens um beschleunigte Entsendung von Unterstützungen und ihre Unterstellung. Die Unterstützung wird zugesagt. Major Sproesser hat von seinem Gefechtsstand aus mit dem Glas unsern ganzen Vormarsch verfolgt. Er teilt mir mit, daß die Lage vor 1114 sich nur insofern geändert hat, als die Italiener das Leib-Regiment mit starken Kräften angreifen. Zu einem Angriff des Leib-Regiments mit Artillerieunterstützung sei es unter diesen Umständen noch gar nicht gekommen.

Soeben lege ich den Fernsprecher aus der Hand und bin im Begriff, ein italienisches Weißbrot zu verzehren, da kommt von vorne durch die Verbindungsleute zum Spähtrupp Streicher die kurze Meldung: ›Spähtrupp eingebrochen, Geschütze erobert, Gefangene gemacht.‹ – Oben in der Feindstellung herrscht immer noch völlige Stille, kein Schuß fällt. Meinen Entschluß, nun umgehend mit der gesamten Abteilung auf gleichem Weg geräuschlos einzubrechen, setze ich eiligst in die Tat um. Jede Sekunde des Säumens könnte den greifbar nahen Erfolg entreißen.

Unter Anspannung aller Kräfte klettert die gesamte Abteilung Rommel in der nächsten Minute in der steilen Mulde hangaufwärts. In wenigen Augenblicken sind die feindlichen Hindernisse erreicht und überstiegen. Hernach setzen wir über die feindliche Stellung. Vor uns tauchen die langen Rohre einer schweren italienischen Batterie auf. In ihrer Umgebung säubern die Leute Streichers einige Unterstände. Etliche Dutzend gefangene Italiener stehen in der Nähe der Geschütze. Leutnant Streicher berichtet, daß er die Geschützbedienungen beim Waschen überrascht habe.

Wir stehen in einem schmalen Sattel. Auf den kahlen Kuppen zu beiden Seiten sind zahlreiche Erdwerke und Verbindungsgräben zu der auf dem Nordhang verlaufenden, zusammenhängenden und stark ausgebauten Stellung zu sehen. Auf dem Südhang des Sattels, nur 100 m von der Stellung auf dem Nordhang entfernt, führt die gegen Erd- und Luftsicht gut maskierte Höhenstraße Luico–Kuk–1114–Crai.

Ein Drittel der Abteilung Rommel ist jetzt im Sattel. Die Schützen keuchen nach der gewaltigen Anstrengung des Vorstürmens an steilem Hang. Noch scheint die Besatzung der Kolovratstellung unseren Einbruch nicht bemerkt zu haben. Schläft sie noch? – Der Zahl der bisher in dem nur 50 m breiten Sattel gemachten Gefangenen nach muß die Stellung dicht besetzt sein. Sekunden entscheiden jetzt über unser Schicksal.

Ich befehle: ›Abteilung Rommel dämmt nach Osten ab und reißt nach Westen auf.

Vizefeldwebel Spadinger mit 1 MG.-Gruppe der 2. Komp. dämmt die feindliche Stellung auf dem Nordhang nach Osten ab, sperrt in gleicher Richtung die Höhenstraße und deckt damit der nach Westen vorgehenden Abteilung Rommel den Rücken.

Leutnant Ludwig reißt mit 2. Komp. die feindliche Stellung auf dem Nordhang nach Westen auf. Schießen ist solange wie irgend möglich zu vermeiden.

Ich gehe mit 3. Komp. und 1. MGK. auf der Höhenstraße nach Westen vor. Leutnant Streicher übernimmt mit seinem Spähtrupp hierbei die Sicherung.

Schleunigst antreten!‹

Alle Teile der Abteilung gehen mit Schneid und großer Umsicht an ihre Aufgabe. Unter dem tatkräftigen Leutnant Ludwig jagen Sturmtrupps der 2. Komp. in der feindlichen Stellung von Unterstand zu Unterstand, von Postenstand zu Postenstand. Die Masse der feindlichen Besatzung wird noch in den Unterständen angetroffen. Ein Gebirgsschütze genügt, um das Aufstehen, Entwaffnen und Antreten einer feindlichen Unterstandsbesatzung zu beaufsichtigen. In den Postenständen beobachten die einzelnen Posten noch talwärts, dort strahlt das Bild des in der Morgensonne liegenden Isonzotales mit den gewaltigen Zweitausendern im Hintergrund in bezaubernder Schönheit.

Als die Schützen der 2. Komp., wie aus dem Boden gewachsen, plötzlich hinter den Posten stehen, sind diese gelähmt vor Schreck und kommen ebensowenig zur Abgabe von Alarmschüssen, wie eine halbe Stunde zuvor die vor der Stellung befindliche Feldwache. Rasch wächst die Zahl der Gefangenen auf diese Weise in die Hunderte.

Auch auf der Höhenstraße kommt das Gros der Abteilung gut vorwärts. Ein Glück, daß die Masken uns den Blicken der Gegner auf den Höhen ostwärts und westlich entziehen. Mehrere in die Felswand zur Rechten eingesprengte Geschützstellungen werden in Besitz genommen. Unser plötzliches Auftauchen in der Stille des Morgens weitab vom Kampflärm bei 1114 bringt auch hier die Besatzung völlig außer Fassung. – Als Ziel des Vorgehens auf der Straße habe ich mir die Überraschung etwaiger geschlossener Reserven gesteckt, ferner will ich den Feind, der am Nordhang der 2. Komp. etwa Widerstand entgegensetzen sollte, rasch im Genick fassen.

Die Ereignisse nehmen einen anderen Verlauf!

Seit unserem Eindringen in die Kolovratstellung mögen 10–15 Minuten vergangen sein. Auf der Höhenstraße nähert sich der Anfang der 3. Komp. dem Sattel 300 m ostwärts 1192. Da kommt es plötzlich allerorts zum Kampf.

Spähtrupp Streicher, der den Sattel 300 m ostwärts 1192 bereits erreicht hat, bekommt MG.-Feuer vom Südhang der Höhe 1192 und wird kurz darauf von italienischer Infanterie, die vom Südosthang 1192 über die Höhenstraße nach Norden vorstürmt, hart bedrängt. Der Spähtrupp weicht auf den Nordosthang von 1192 aus.

Starkes MG.-Feuer aus Richtung 1192 bringt den Vormarsch der 3. Komp. und 1. MGK. auf der Höhenstraße zum Stehen. Rasch werden Teile der MGK. eingesetzt, allein sie kommen gegen den übermächtigen Feind nicht auf. Seitwärts der Straße ist ein Angriff über die steilen, deckungslosen Südhänge des Kolovratrückens gegen 1192 außerordentlich schwierig, denn auch von Osten schlägt jetzt MG.-Feuer durch die hohen Masken an der linken Straßenseite.

In wenigen Sekunden schwillt der Kampflärm vor uns und insbesondere halbrechts, dort wo ich die 2. Komp. vermute, gewaltig an. Handgranaten krachen, deutlich tönt dazwischen lebhaftes Feuer der mit Karabiner bewaffneten Gebirgsschützen. Der letzte Mann scheint dort in der Feuerlinie zu liegen.

Sehen kann ich nichts. Auf der kahlen Kuppe rechts der Straße darf man sich nicht zeigen, sonst liegt sofort das Feuer mehrerer MG. von 1192 auf einem. – Ob die 2. Komp. dem Feind standhält? Sie hat nur 80 Karabiner und 6 l.MG.! Wird sie überwältigt, so gewinnt der Gegner rasch seine verlorenen Stellungen auf dem Nordhang zurück, schneidet die übrigen Teile der Abteilung ab und befreit die Gefangenen. Daß der Feind vor uns sehr stark ist, höre ich aus dem gewaltigen Feuerkampf. – Wenige Minuten haben genügt, um die Lage völlig zu unseren Ungunsten zu verändern und recht ernst zu gestalten. Jetzt kommt es darauf an, die in frischem Draufgehen gewonnenen Teile der Kolovratstellung gegen überlegenen Feind zu halten. Als dringlichst erscheint mir, die Straße nach Westen zu sperren und der bedrängten 2. Komp. raschestens zu Hilfe zu kommen.

Der kürzeste Weg nach Norden über die kahlen Kuppen hinweg ist durch Feuer zahlreicher feindlicher MG. aus westlicher und ostwärtiger Richtung gesperrt. Ein Angriff beiderseits der Straße und Westen gegen 1192 würde vom gleichen feindlichen Feuer gefaßt und hätte daher kaum Aussichten, durchzudringen. Ich komme zu anderer Lösung.

Ein bereits im Feuer gegen 1192 befindlicher MG.-Zug und einige Schützen der 3. Komp. werden mit Sperrung der Höhenstraße nach Westen beauftragt. Mit dem Rest der 3. Komp. und MGK. eile ich schleunigst auf der Höhenstraße nach dem Sattel 800 m ostwärts 1192 zurück. Die dichten Masken verhindern, daß der Feind im Osten und Westen diese Bewegung beobachtet und unter gezieltes Feuer nimmt. Das zeitweise grobe Abstreuen der Masken durch den Gegner behindert unsere Bewegung wenig. Wir gewinnen den Sattel.

Hier hält der tüchtige Spadinger mit seinen acht Mann die ostwärts befindliche italienische Stellungsbesatzung im Schach. Im Vorbeispringen verstärke ich ihn um weitere zwei Gruppen. Dann geht es im Laufschritt in der von der 2. Komp. gesäuberten italienischen Stellung auf dem Nordhang wieder nach Westen vor. 150 m westlich des Sattels bewachen zwei Gebirgsschützen etwa 1000 italienische Gefangene zwischen der Stellung und den Drahthindernissen. Ich rufe ihnen zu, sofort die Gefangenen auf den Hang unterhalb der Drahthindernisse abzutransportieren und überlasse ihnen die Ausführung. Sie bringen es fertig! Dabei hilft das aus Osten und Westen über die Höhen streichende italienische MG.-Feuer wesentlich dazu, die Bewegung der Gefangenen zu beschleunigen.

Wenige 100 m vor uns schwillt der Kampflärm bei der 2. Komp. zu größter Heftigkeit an. Handgranaten krachen, MG. feuern ununterbrochen, Karabiner geben Schnellfeuer ab. Von den mir folgenden Kompanien verlange ich Beschleunigung bis zum Äußersten. Unsere Hilfe darf nicht zu spät kommen. – Mit wenigen Gefechtsordonnanzen meines Stabes eile ich voraus. Von der Kuppe 350 m ostwärts 1192 überblicke ich die Lage.

Die 2. Komp. hält auf dem Nordosthang einige Grabenstücke. Sie ist von Westen, Süden und Osten von fünffacher Übermacht – einem ganzen italienischen Reservebataillon – eingekreist. Die vordersten Teile des Gegners liegen dichtgedrängt auf 50 m gegenüber. Im Rücken der 2. Komp. stehen die breiten und hohen italienischen Hindernisse, die ein Ausweichen auf den Nordhang unmöglich machen. Verzweifelt wehren sich die Schützen gegen die gewaltige Masse des Feindes. Nur ihr ununterbrochenes Schnellfeuer verhindert noch den feindlichen Sturm. Wagt der Gegner trotz des Feuers zu stürmen, so muß die kleine Schar erdrückt werden. Soll ich die hinter uns herankommenden Schützen sofort ins Feuer bringen? Nein!

Rasch wird mir klar, daß die 2. Komp. nur durch einen überraschenden Stoß der übrigen Abteilung in die Flanke und den Rücken des Feindes herausgehauen werden kann. Dann wird der Nahkampf gegen gewaltige Übermacht über Sieg oder Niederlage der Gebirgsschützen entscheiden.

Atemlos keuchen die vordersten Teile der 3. Komp. durch die tiefen Gräben heran, dahinter folgen die ersten Schützen der MGK. mit zerlegtem Maschinengewehr. Mit wenigen Worten werden die Führer unterrichtet, um was es hier geht und was sie sollen. – In einer seichten Mulde geht's nach links aus dem Graben. Die Schützen der 3. Komp. legen sich hier gedeckt gegen den dicht vor uns liegenden Feind zum Sturm bereit. In der Mulde rechts macht eine s.MG.-Bedienung ihr Gewehr in fliegender Eile in Deckung feuerbereit, meldet, daß es fertig ist. Die Bedienung eines weiteren s.MG. keucht heran, links hat der größte Teil der 3. Komp. die Mulde erreicht, liegt sprungbereit.

Auf die Feuerbereitschaft des zweiten s.MG. darf ich nicht mehr warten. 100 m vor uns erhebt sich, angefeuert von den Kommandos der Offiziere, der dichtmassierte Feind zum Sturm auf die eingekeilte 2. Komp. Ich gebe das Zeichen zum Angriff für 3. Komp. und 1. MGK. Während das erste s.MG. auf die davorbefindliche Deckung geworfen wird und Dauerfeuer in den Feind jagt und das zweite s.MG. kurz darauf ebenfalls mit Feuer eingreift, stürzen sich links die Gebirgsschützen mit wilder Entschlossenheit auf Flanke und Rücken des Feindes. Gewaltiges Hurra ertönt. Der überraschende Stoß in Flanke und Rücken trifft. Die Italiener hemmen ihren Ansturm gegen die 2. Komp. und versuchen sich gegen die 3. Komp. zu wenden. Aber jetzt erhebt sich auch die

2. Komp., stürmt von rechts her. Von zwei Seiten gepackt und auf engem Raum zusammengepreßt, streckt der Gegner die Waffen. Nur die italienischen Offiziere verteidigen sich noch bis auf wenige Meter Entfernung mit der Pistole.

Dann werden auch sie überwältigt. Es bedarf meines Eingreifens, um sie vor der Wut der Gebirgsschützen zu retten. Ein ganzes Bataillon mit 12 Offizieren und über 500 Mann legt im Sattel 300 m nordostwärts 1192 die Waffen nieder. Damit erhöht sich die Zahl unserer Gefangenen aus der Kolovratstellung auf 1500 Mann. Wir gewinnen den Gipfel und Südhang von 1192 und erbeuten dort noch eine weitere schwere italienische Batterie.

Unsere große Freude über den errungenen Erfolg wird getrübt durch schmerzliche eigene Verluste. Abgesehen von etlichen Verwundeten haben zwei besonders wackere Kämpfer, der Gefreite Kiefner (2. Komp.), der Tags zuvor am Hevnik als Stoßtruppführer sich so sehr ausgezeichnet hat, und der Vizefeldwebel Kneule (3. Komp.) ihr junges Leben im Nahkampf lassen müssen.

Um 9.15 Uhr ist die Abteilung Rommel im uneingeschränkten Besitz eines 800 m breiten Stückes der Kolovratstellung, von Höhe 1192 einschließlich bis 800 m ostwärts davon. Damit ist eine breite Bresche in die feindliche Hauptstellung geschlagen. Der erste feindliche Gegenstoß örtlicher Reserven ist für diese vernichtend ausgefallen. Mit weiteren Versuchen des Gegners, das Verlorene wiederzugewinnen, muß ich rechnen. Mögen die Italiener kommen! Wir Gebirgsschützen sind nicht gewohnt, zurückzugeben, was wir im harten Kampf erstritten. Von Westen, Südosten und Osten bestreicht jetzt der Feind mit Maschinengewehrfeuer die von uns besetzten Höhen. Auch italienischen Artilleriegruppen auf Mt. Hum und westlich ist der Einbruch auf dem Kolovrat und der Kampf um 1192 nicht entgangen. Ihre schweren Granaten zwingen uns, rasch den Deckung bietenden Nordhang aufzusuchen.

Mit den verfügbaren Kräften kann ich an eine Fortsetzung des Angriffes zunächst nicht denken. Es gilt, bis zum Eintreffen von Unterstützungen das Eroberte zu halten. 2. Komp. und ½ MGK. besetzen die Höhe 1192 mit Front nach Westen. Spadinger sperrt mit einem Zug weiterhin nach Osten im Sattel 800 m ostwärts 1192 ab. Die 3. Komp. und ½ MGK. halte ich in den gewonnenen Stellungen am Nordosthang 1192 zu meiner Verfügung.

Alsdann unterrichte ich mich vom Gipfel 1192 aus über die Lage ringsum. Auf den ersten Blick erscheint als die gefährdetste Front der Westen in Richtung Kuk (1243). Abgesehen von Dutzenden von MG., die uns aus stockwerkartigen, größtenteils überhöhenden Stellungen auf dem Nordosthang des Kuk beschießen, werden auf der höchsten Höhe und dem Südosthang starke Reserven sichtbar. Bald rücken mehrere Wellen von Schützenlinien über die breiten Osthänge des Kuk gegen uns vor. Ich bemesse ihre Stärke auf ein bis zwei Bataillone. – Im Süden wimmelt es auf dem Mt. Hum wie auf einem Ameisenhaufen. Dort steht eine gewaltige Artilleriemasse des Feindes im Feuer. Lebhafter Kraftwagenkolonnenverkehr herrscht auf der von Cividale über Mt. Hum führenden Höhenstraße in beiden Richtungen. Beiderseits der Straße streben geschlossene Feindverbände der Kampffront zu. Im Osten übersieht man den ganzen Kolovratrükken, der allmählich abfällt bis zur Höhe 1114. Deutlich ist starke Feindmassierung auf dem Süd- und Südwesthang von 1114 zu erkennen. Die Italiener scheinen dort anzugreifen. In langen Kraftwagenkolonnen werden von Crai her italienische Reserven herangeführt und am Westhang 1114 entladen. – Auch entlang der Höhenstraße und über die Kuppen oberhalb sieht man feindliche Kräfte von Osten her gegen uns vorrücken. Allem Anschein nach will der Feind uns jetzt gleichzeitig von zwei Seiten anpakken« (Rommel: »Infanterie greift an«).

Rommels kriegsgeschichtlich äußerst wertvolle Aufzeichnungen und umfangreiche Abhandlungen, zusammengefaßt unter dem treffenden Titel »Infanterie greift an«, ermöglichen tiefe Einblicke in das Wesen der Gefechte im Rahmen der 12. Isonzoschlacht. Rommels Abhandlungen zählen zu den wertvollsten Quellen der Front gegen Italien 1915–18.

Aufgrund der Bedeutung des Kolovratrückens für den Fortschritt der Offensive habe ich dieses Ereignis im Zitat gebracht. Ähnlich werde ich auch bezüglich der Einnahme des Monte Matajur verfahren.

Die Eroberung der Kolovratposition konnte nur ermöglicht werden durch das zügige Vorgehen Rommels und seiner Männer, aber vor allem auch durch die Tatsache, daß die italienischen Verteidiger kaum mit einem Einbruch der Angreifer an so unvorhergesehener Stelle rechneten. Die Versuche der Italiener, das Blatt zu wenden und einen Entlastungsvorstoß zu unternehmen, waren nicht von Erfolg gekrönt. Dies lag einerseits in der tapferen Verteidigung der Württemberger begründet, die sich das eroberte Terrain nicht mehr nehmen lassen wollten. Andererseits aber spielt besonders im Krieg das Innehaben der Initiative eine sehr große Rolle. Derjenige, der die Initiative an sich reißt – also üblicherweise der Angreifer – ist, vor allem nach erfolgreichem Vormarsch – gegenüber einem nachfolgenden Entlastungsvorstoß des Gegners –, diesem psychologisch überlegen. Auch dieser Gesichtspunkt sollte immer bei derartigen Ereignissen berücksichtigt werden. Das Kolovratunternehmen gehört jedenfalls zu den glänzendsten Erfolgen, welche im Verlaufe der 12. Schlacht am Isonzo zu verzeichnen waren.

Doch bezeichnend für Rommel ist, daß er auf dem Kolovrat nicht rasten oder ruhen wollte, seine Pläne gingen bereits im Augenblick des Erfolges weiter. Der Kuk mit seinen starken italienischen Positionen ist zum Mittelpunkt der nächsten Unternehmung – folgerichtig – bereits ins Auge gefaßt ...

Der nächste Brennpunkt: Kuk–Luico–Savogna

Inzwischen entschlossen sich die Italiener, am Kuk doch nicht zum Angriff gegen die Gruppe Rommel vorzugehen, sondern zogen es vor, zur Hinhaltetaktik umzuschwenken:

Sie formieren ihre Kräfte in mehreren Linien und wollen so den Ansturm des Feindes erwarten. Dies war in Anbetracht des Geländevorteiles der italienischen Einheiten gegenüber Rommels Leuten – überhöhte Positionen – nicht unbedingt als die Methode der Wahl anzusehen.

Das Verhalten der Italiener paßt also genau in das Konzept Rommels, der sich somit noch bestärkt sieht, einen Angriff gegen den Kuk zu wagen. Rommel schreitet unverzüglich zur Angriffsvorbereitung:

Er erlaubt dem Gegner, seine Schanzarbeiten unbehelligt durchzuführen. Andererseits aber beschleunigt Rommel die eigenen Vorbereitungen so, daß er die Italiener noch vor der Beendigung ihrer Stellungsarbeiten treffen kann.

Rommel fordert eigene Artillerieunterstützung an, weist weiters mehrere Gruppen seiner Leute für bestimmte Angriffsräume am Kuk ein und plant bis ins kleinste Detail die Angriffsmitwirkung seiner MG-Abteilungen. Diesen fällt die Aufgabe zu, den Gegner durch gezieltes Feuer niederzuhalten, somit den eigenen Vorstoß zu decken.

Inzwischen langten auch die 4. und 6. Kompanie mit Major Sproesser ein, die Gruppe Rommel wird von diesen noch verstärkt.

Der Angriff: Wenige Minuten nach 11 Uhr setzt das Artilleriefeuer aus dem Raum Tolmein gegen die italienischen Positionen am Kuk ein. Im felsigen Angriffsgelände entfalten die Treffer der Artillerie, die sehr starken Steinschlag auslösen, ihre Wirkung. Gleichzeitig eröffnen die MG-Feuerstaffeln der Württemberger ihr Feuer. Die Italiener erwidern das Feuer kräftigst und kämpfen um jeden Handbreit Boden. Dennoch kommt die Angriffstruppe unter Leutnant Ludwig, wenn auch nur zäh, vorwärts.

Inzwischen wird das MG-Feuer der Gruppe Rommel zu größter Steigerung verdichtet, der Sturmtrupp der 3. Kompanie nähert sich den italienischen Stellungen.

Ehe die ersten Handgranaten fliegen, ergeben sich einzelne Trupps der Italiener.

Rommel teilt nun seine Kräfte und greift von drei Seiten die italienischen Linien im Bereich des Kuk an, wobei eine Gruppe sich direkt gegen den Gipfel in Marsch setzt. Im Schutze der maskierten Straße gelingt es den Angreifern, fast unbemerkt gegen die Höhe vorzugehen. Werden doch die Verteidiger des Berges von zwei Seiten durch MG- und Artilleriefeuer in die Zange genommen.

»Inzwischen ist die Zahl der Gefangenen des Stoßtrupps der 3. Kompanie am Hang oberhalb auf etwa 100 angestiegen.

Von rückwärts kommt Meldung, daß Teile des Leib-Regiments sich dem Vorstürmen der Abteilung Rommel auf der Höhenstraße anschließen werden. Damit weiß ich eine Truppenmacht von weit über

Regimentsstärke mit einer Marschtiefe (Reihe) von 2–3 km hinter mir.

Soll ich unter diesen Umständen das Ziel nicht weiter stecken?« (Rommel: »Infanterie greift an«).

Und nun zeigt sich, daß Rommel nicht nur ein Mann rascher Entschlüsse, sondern auch schlauer Entscheidungen ist:

Rund um den Kuk führt eine maskierte Militärstraße, auf der man, wenn man sich jenseits der Maskierung vorbewegt, von den Italienern kaum wahrgenommen werden kann – es sei denn, der Zufall macht einen Strich durch die Rechnung. Diese Umgehungsstraße birgt aber auch die Gefahr in sich, daß man plötzlich italienischen Einheiten – sozusagen hinter der ersten Linie am Kuk – gegenübersteht. Rommel rechnet damit, aber er kann sich seiner Württemberger sicher sein: Es wäre nicht das erste Mal, daß diese einen plötzlich auftretenden Überraschungsmoment zu ihren Gunsten ausgenützt hätten ...

Rommel beschließt, den Umgehungstrick anzuwenden. Die Straße führt entlang der kahlen Hangfluchten des Kuk nach Ravna – auf der Straße aber stürmen die Soldaten mit Rommel in unerhörter Schnelligkeit vorwärts.

Schwer bepackt keuchen die Männer voran, schleppen Waffen und MGs im Laufschritt mit sich. Immer wieder stoßen sie auf kleine Gruppen der italienischen Kuk-Verteidiger. Diese werden gleichsam im Laufschritt gefangengenommen, entwaffnet. Der Überraschungseffekt ist auf seiten der Württemberger!

Die erste prekäre Situation wird erreicht, als die Maskierung der Straße – fast im Ortsbereich von Ravna – endet. In diesen wenigen Metern kann das Schicksal der Angreifer besiegelt werden – nun gilt es, diese gefährliche, einsehbare Zone erfolgreich hinter sich zu legen.

»300 m vor uns liegen die ersten Häuser von Ravna, links unterhalb am Steilhang stehen einzelne Gehöfte ... nochmals steigern wir unsere Eile bis zum Äußersten und erreichen, ohne von irgendwoher angeschossen zu werden, Ravna« (Rommel: »Infanterie greift an«).

Im Laufschritt wird Ravna durcheilt, die Italiener »stieben entsetzt auseinander«.

»Zu langen Erwägungen bleibt keine Zeit: Rasch überlege ich drei Einsatzmöglichkeiten:

Aufstieg auf den Südhängen des Kuk und Aushebung der Kukbesatzung. Diese steht mit der Masse mit Front nach Osten gegen Teile des W.G.B. im Kampf, andere Teile kämpfen mit Front nach Norden gegen die 12. Division. Diese Besatzung betrachte ich nicht mehr als gefährlichen Gegner, ich kann sie rückwärtigen Teilen des W.G.B. bzw. des Leib-Regiments überlassen. Ihr Schicksal scheint mir schon besiegelt.

Angriff gegen die feindlichen Kräfte bei Luico und Öffnung des Luicopasses für 12. Division: Dieser Angriff hätte gute Aussichten. Meine zwei MG-Kompanien könnten aus überhöhenden Stellungen vorzügliche Feuerunterstützung geben. Die Annäherungsmöglichkeiten an die massierten Feindkräfte um

Luico sind günstig. Der Angriff könnte überraschend geführt werden. Jedoch würde er kaum zu einer Vernichtung oder Gefangennahme des Gegners um Luico führen, weil das faltenreiche und bewaldete Gelände auf dem Osthang des Mrzli Vrh dem Feind die Möglichkeit bietet, ohne allzu große Einbuße an Kräften den Paß zu räumen. Ich lehne auch diesen Angriff ab und entschließe mich zum:

Abschnüren der feindlichen Kräfte um Luico durch Sperrung des Tales Luico–Savogna und der Matajur-Straße auf Cragonza. Die bewaldeten Hänge beiderseits des Tales Luico–Savogna begünstigen dieses Vorgehen.

Wir können im Tal bei Polava sein, ehe die feindlichen Kräfte um Luico etwas von unserer Nähe ahnen. Drücken dann rückwärtige Teile des Alpenkorps von Osten gegen Luico vor, so wird der eingekesselte Feind kaum der Vernichtung oder Gefangennahme entgehen können« (Rommel: »Infanterie greift an«).

Überaus schnell und vollkommen unbemerkt rückt Rommel nun mit seinen Soldaten gegen Luico vor. Im Schutze des Waldes und der Buschgruppen gelingt diese Bewegung überraschend gut. Auf dem Wege gegen Luico werden eine italienische Geschützbesatzung übermannt, Telefonleitungen des Feindes zerschnitten. Der Vormarsch erfolgte so rasch, daß Rommel mit diesem Stoßtrupp den Kontakt zum Gros seiner Kompanien kurzfristig verlor. 3 km hinter der Front, tief im italienischen Bereich warten nun die Männer, bis die restlichen Kameraden nachgekommen sind.

Der Italiener dünkt sich sicher, und völlig unbehelligt glaubt er, auf der Straße nach Luico Mann und Material gegen die Front vorschieben zu können. Er rechnet nicht damit, daß deutsche Soldaten beidseits der Straße versteckt liegen. Jeder einzelne italienische Soldat, jedes Geschütz, ja sogar ein Kraftwagen der Italiener werden von den Württembergern abgefangen ...

Allerdings geht dies nicht ohne Feuerkampf ab: Am Ende dieses kurzen Gefechtes müssen sich über 2000 italienische Soldaten ergeben.

»Major Sproesser schlage ich vor, mit allen verfügbaren Teilen des W.G.B. von Polava auf kürzestem Weg querfeldein über Jevscek gegen den Monte Cragonza aufzusteigen und diesen in Besitz zu nehmen. Haben wir den Monte Cragonza, so ist dem auf Mrzli Vrh befindlichen Gegner der Weg nach Süden verlegt und wir können ihn, während er von Norden und Nordosten von Teilen der 12. Division und des Alpenkorps festgehalten wird, im Rücken angreifen. Außerdem beherrschen wir auf Cragonza die einzige auf das Matajurmassiv führende Höhenstraße und schneiden damit alle auf oder seitlich dieser Straße fahrenden oder stehenden Batterien der Italiener ab ...« (Rommel: »Infanterie greift an«).

Der Angriff gegen den Monte Cragonza ist also eine beschlossene Sache.

Inzwischen sind aber auch die anderen Angriffstruppen – es ist der 25. Oktober – nicht untätig gewesen. Die 12. Isonzoschlacht ist nach wie vor im Rollen, und an allen Frontabschnitten schreiten die österr.-ung. Truppen und ihre deutschen Verbündeten zügig voran: Das Gesetz des Handelns ist auf ihrer Seite.

Die Tiroler Kaiserschützen-Landesschützen stehen im Kampf am Monte Stol, dessen Eroberung – ähnlich wie die des Monte Matajur, durch Rommel – zu den entscheidendsten Leistungen der Angriffe der ersten Tage der Schlacht zählt. Die »Blumenteufel«, wie die Italiener die Kaiserschützen – aufgrund des Edelweiß am Kragenspiegel – nannten, machten ihrem Ruf alle Ehre. Und so wie am Matajur die gebirgskriegtüchtigen Württemberger, waren es am Stol gebirgskriegerfahrene Kaiserschützen, welche den Gipfel nahmen.

Der Kampf um den Monte Cragonza

Im unwegsamen Gelände, durch dichtes Buschwerk und Unterholz müht sich die Truppe vorwärts. Seit vielen, vielen Stunden sind die Männer ohne Pause unterwegs. Unterwegs im Krieg, im Feld, ständig eines Angriffs gewärtig, erschöpft aber von den vielen, bereits hinter ihnen liegenden Kampfhandlungen.

In dunkler Nacht wird in gefährlicher Nähe der italienischen Stellungen Rast gemacht. Rommel entschließt sich, gegen das Dorf Jevscek vorzurücken. Ausgesandte Erkundungstrupps melden ihm, daß das Dorf teils von Italienern besetzt, teils von feindlichen Truppen frei sei. Also wird das Dorf in nächster Nähe der feindlichen Einheiten betreten, um diese überraschend zu überrumpeln. Aber der Südteil des Dorfes ist nur unvollständig von Gruppen des Feindes besetzt. Die Abteilung Rommel bezieht in nächster Nähe der Gegner – im Nordteil des Dorfes – unbemerkt Position.

Hinter Jevscek erhebt sich der Hang zum Gipfel des Monte Cragonza.

Im Morgengrauen setzen sich die deutschen Einheiten gegen die Stellungen der Italiener in Bewegung. Im Verlaufe erbitterter Gefechte, mehrere MG-Kämpfe, gelingt es, den vom Italiener stark ausgebauten und hervorragend besetzten Hang zu nehmen – und dies, obwohl die Verteidiger des Berges in überhöhten Positionen, fast beherrschend, sitzen ...

Als erste erreichen die Männer der 2. Kompanie des W.B.G. den Gipfel des Monte Cragonza. Damit ist den Württembergern gleichzeitig mit dem Einbruch in

Jevscek ein gewaltiger Einbruch in das italienische Frontsystem gelungen.

Die Eroberung des Monte Cragonza ist auf das vollkommene Zusammenwirken der einzelnen Soldaten und Offiziere des Württembergischen Gebirgsbataillons zurückzuführen. Ein wesentlicher Faktor bei dieser kühnen Aktion aber war das unermüdliche Ausharren der Angreifer. Nur gebirgskriegegewohnte Soldaten waren diesen unendlichen Anstrengungen im steilen, teilweise sehr verkarsteten Gelände gewachsen. Der Kampf um die einzelnen Stellungen der Italiener wurde mit grenzenloser Erbitterung geführt — über weite Geländestrecken blieb den Angreifern kein Fleckchen Deckung, kein Felsblock, kein Busch als Tarnung und Hilfe für den Vormarsch. Dieser mußte also blitzschnell kämpfend erfolgen, wobei gleichzeitig die Offiziere bei jeder sich bietenden Gelegenheit die weitere Vorrückung überdenken mußten.

Das, was hier von allen Beteiligten gefordert wurde, ging an die Grenze der körperlichen Reserve. Diese war an sich vom bisherigen Vormarsch fast aufgebraucht — die letzten Reste konnten nur durch eine übermenschliche Willensanstrengung mobilisiert werden.

Kurz nach 7 Uhr stehen die Angreifer im grauen Licht des 26. Oktober auf dem Monte Cragonza. —

Die Wegnahme der Höhe 1192 und des Mrzli Vrh (1356)
Der Sturm auf den Mt. Matajur

»Zwar sind die Gebirgsschützen nach der Erstürmung des Mt. Cragonza völlig erschöpft, allein ich kann ihnen die wohlverdiente Gipfelrast nicht gönnen. Der vortreffliche Vizefeldwebel Hügel geht mit dem ihm eigenen Kampfeseifer an die neue Aufgabe. Ohne auf Unterstützung zu warten, greift er den nach 1192 und Mrzli Vrh ansteigenden Höhenrücken entlang an, um Gelände zu gewinnen, soweit dies mit den schwachen Kräften irgend möglich ist.

Der Abteilung schicke ich erst durch Melder Befehl, beschleunigt über den Mt. Cragonza in Richtung Mrzli Vrh auf der auf der Westseite führenden Matajurstraße nachzurücken, dann begleite ich die 2. Komp. Schon nach wenigen 100 m stoßen wir auf Feind, der sich auf einer den Höhenkamm krönenden, bewaldeten Kuppe eingenistet hat. Am Osthang zu unserer Rechten nimmt der Gefechtslärm an Lebhaftigkeit erheblich zu. Anscheinend werden rückwärtige Teile der Abteilung Rommel, die von Jevscek gegen Cragonza aufsteigen, angeschossen oder angegriffen. Vielleicht sind es aber auch Teile des Alpenkorps, die von Luico aus den Aufstieg gegen den Mt. Cragonza auf der Matajurstraße versuchen.

Vizefeldwebel Hügel versteht es meisterhaft, den an Zahl und Waffen überlegenen Feind frontal mit Feuer zu binden und ihn gleichzeitig mit Stoßtrupps in Flanke und Rücken zu fassen. Derartige Bewegungen spielen sich in wenigen Minuten ab und führen stets dazu, daß der Feind geworfen wird und sich nach Nordosten (hangabwärts in Richtung Luico) zurückzieht.

Da wir überall, wo wir auf Feind stoßen, sehr rasch zufassen, reißt die Verbindung nach rückwärts bald ab. Es erreicht mich die Meldung, daß die Abteilung durch starkes MG.-Feuer aus italienischen Stellungen nordostwärts Cragonza sehr aufgehalten werde und nahezu 1 km abhänge. Soll ich die 2. Komp. anhalten? Nein, wir bleiben im Angriff gegen Mrzli Vrh, bis wir auf starken Feind stoßen.

Um 8.30 Uhr entreißt die allmählich auf einen Zug mit zwei l.MG. zusammengeschmolzene 2. Komp. dem Feind die Höhe 1192, 2 km westlich Avsa. Weiteres Vordringen verwehrt starker Feind, der 800 m südostwärts des Gipfels von Mrzli Vrh (1356 m) in Stellung liegt. Mit zahlreichen MG. nimmt er die von uns erreichte Kuppe unter Feuer. Rechts unten am Hang und auch rechts rückwärts in Richtung Jevscek wird lebhaft gekämpft. Teile des Alpenkorps scheinen jetzt anzugreifen.

Will ich gegen den Feind am Südosthang des Mrzli Vrh aufkommen, so muß ich mindestens zwei Schützen- und eine MG.-Kompanie haben. Um diese Kräfte rasch zusammenzubekommen, eile ich auf der Matajurstraße nach rückwärts. Hügel hat Befehl, die Kuppe 1192 zu halten. – Weit und breit treffe ich keinen Verbindungsmann zu der abhängenden Abteilung Rommel. 600 m südlich 1192 um eine Kurve biegend, stehe ich plötzlich dicht vor einer italienischen Abteilung, die, aus Richtung Avsa kommend, eben die Matajurstraße kreuzt. Die Bersaglieri reißen die Gewehre von der Schulter, schießen … Ein rascher Sprung in das Gebüsch dicht unterhalb der Straße entzieht mich gezieltem Feuer. Einige Gegner verfolgen mich hangabwärts durch das Buschwerk. Aber während sie talwärts eilen, bin ich bereits wieder im Aufstieg nach 1192. Dort angekommen, beauftrage ich einen stärkeren Spähtrupp, die Verbindung mit den übrigen Teilen der Abteilung Rommel aufzunehmen und den einzelnen Kompanieführern den Befehl zu überbringen, beschleunigt nach 1192 aufzuschließen.

Es geht bereits auf 10.00 Uhr, als ich bei 1192 eine Streitmacht in Stärke von zwei Schützenkompanien und einer MGK. beisammen habe. Die Verbände sind aus allen Kompanien der Abteilung Rommel zusammengesetzt. Ihr Heranrücken nach 1192 hat sich sehr verzögert, weil die einzelnen Teile immer wieder in Kämpfe mit Feind verwickelt wurden, der versuchte, über die Linie Mt. Cragonza – 1192 in südwestlicher Richtung zurückzugehen.

Jetzt fühle ich mich stark genug, um den Kampf mit der italienischen Besatzung des Mrzli Vrh aufzunehmen. Durch Leuchtzeichen fordern wir Artilleriefeuer auf die feindlichen Stellungen am Südosthang des Mrzli Vrh an, mit dem erstaunlichen Erfolg, daß sehr bald deutsche Granaten dort einschlagen. Alsdann nagelt die MGK. die feindliche Besatzung durch lebhaftes Feuer von 1192 aus in ihren Stellungen fest, während die beiden Schützenkompanien unter meiner Führung in den Waldstücken dicht unterhalb der Höhenstraße dem Feind zu Leibe gehen. Es gelingt, den feindlichen Westflügel zu umfassen. Hernach schwenken wir gegen Flanke und Rücken der feindlichen Stellung ein. Jedoch der Feind räumt eiligst, als er uns aus dieser Richtung angreifen sieht, und zieht sich auf den Osthang vom Mrzli Vrh zurück. Wir machen einige Dutzend Gefangene. Da ich nicht die Absicht habe, dem auf den Osthang oder Nordhang des Mrzli Vrh ausweichenden Feind zu folgen, breche ich das Gefecht ab, gehe auf der Höhenstraße weiter gegen die Südhänge des Mrzli Vrh vor und ziehe die MGK. heran.

Schon während unseres Angriffes beobachteten wir im Sattel, den der Mrzli Vrh zwischen seinen beiden höchsten Kuppen bildet, neben einem ausgedehnten Zeltlager Hunderte und Aberhunderte von italienischen Soldaten. Sie stehen scheinbar unschlüssig und untätig und sehen wie versteinert unserem Vorgehen zu. Aus südlicher Richtung – also im Rücken – hatten sie die Deutschen nicht erwartet. Von dieser Truppenansammlung trennen uns jetzt nur noch 1500 m. Auf dem teilweise bewaldeten Südhang des Mrzli Vrh windet sich die Matajurstraße in mehreren Schleifen empor. Sie führt dicht unterhalb des feindlichen Zeltlagers nach Westen gegen den Matajur weiter.

Immer größer wird die Masse des Gegners im Sattel auf Mrzli Vrh. Zwei bis drei Bataillone müssen die Italiener dort oben wohl stark sein. Da sie nicht gegen uns in den Kampf treten, rücke ich tücherwinkend mit meiner nach der Tiefe stark auseinandergezogenen Abteilung auf der Straße näher. – Die drei Tage der Offensive haben bereits gelehrt, wie man den neuen Feind anfassen muß. Wir kommen auf 1000 m heran, beim Feind ändert sich nichts. Hat er denn gar nicht die Absicht zu kämpfen? Seine Lage ist doch durchaus nicht hoffnungslos! Wenn er alle Kräfte zum Angriff ansetzt, muß er eigentlich die schwache Abteilung Rommel erdrücken, kann den Mt. Cragonza wieder gewinnen. Oder er kann auch unter dem Feuerschutz weniger MG. nahezu ungesehen zum Matajurmassiv abrücken. Nichts von all dem geschieht. Mann an Mann steht der feindliche Verband oben wie versteinert und rührt sich nicht von der Stelle. Unser Winken mit Tüchern wird nicht erwidert.

Immer näher rücken wir. 600 m vom Feind entfernt nimmt dichter Hochwald uns auf und entzieht uns den Blicken des Gegners, der etwa 100 m höher am Hang steht. Die Straße biegt jetzt scharf nach Osten aus. – Was mag der Feind oben wohl machen? Ob er sich nicht doch noch zum Kampf entschließt? Stürzt er sich jetzt hangabwärts auf uns, so kommt es im Wald auf kürzeste Entfernung zum Kampf, zum Nahkampf. Der Feind ist frisch, hat eine ungeheure Übermacht und ist noch dadurch im Vorteil, daß er an steilem Hang hangabwärts kämpft. – Unter diesen Umständen halte ich es für dringend geboten, rasch den Waldrand unterhalb des feindlichen Zeltlagers zu gewinnen. Aber meine Gebirgsschützen mit den s.MG. auf den Rücken sind derart erschöpft, daß ich ihnen den steilen Aufstieg durch dichtes Gebüsch nicht mehr zumuten kann.

Deshalb lasse ich die Abteilung auf der Straße im Marsch. Mit Leutnant Streicher, Oberarzt Dr. Lenz und wenigen Gebirgsschützen steige ich in breiter Front – etwa 100 m Zwischenraum von Mann zu Mann – durch den Wald auf kürzestem Weg gegen den Feind an. Leutnant Streicher überrascht hierbei eine feindliche MG.-Bedienung und nimmt sie gefangen. Ungehindert erreichen wir den Waldrand. 300 m trennen uns immer noch von der oberhalb der Matajurstraße stehenden feindlichen Truppenmacht, einer gewaltigen Menschenmasse. Oben wird viel geschrien und gestikuliert. Alles hat die Waffen noch in der Hand. Vorne scheint eine größere Gruppe von Offizieren zu stehen. Der Anfang der Abteilung kann noch lange nicht heran sein. Er mag das scharfe Wegeknie 600 m ostwärts jetzt erreicht haben.

In dem Gefühl, handeln zu müssen, ehe der Gegner sich zum Handeln entschließt, verlasse ich den Waldrand und fordere in dauerndem Vorwärtsschreiten durch Zuruf und Winken mit dem Taschentuch den Feind zur Übergabe und Waffenstreckung auf. Die Masse starrt mich an, rührt sich nicht. Schon trennen mich 50, 100 m vom Waldrand, ein Zurück in feindlichem Feuer wäre unmöglich. Ich habe den Eindruck, daß ich nicht stehen bleiben darf, sonst ist unsere Sache verloren.

150 m trennen vom Feind! Oben kommt plötzlich Bewegung in die Massen. Sie stürzen hangabwärts, die widerstrebenden Offiziere werden mitgerissen. Die Mannschaft wirft größtenteils die Waffen weg. Hunderte eilen auf mich zu. Im Handumdrehen bin ich umringt, sitze auf italienischen Schultern. ›Evviva Germania!‹ hallt es aus tausend Kehlen. Ein italienischer Offizier, der zögert, sich zu ergeben, wird von der eigenen Mannschaft niedergeschossen. Für die Italiener auf Mrzli Vrh ist der Krieg zu Ende. Sie jubeln vor Freude.

Jetzt rückt von rechts her aus dem Wald heraus der

Öst.-ung. Unterstände in den Julischen Alpen, in den Tagen vor dem Durchbruch 1917.

1917: Das Flitscher Becken mit Monte-Stol-Rücken im Hintergrund, dessen Riegelfunktion gegenüber der Stoßrichtung der Offensive in dieser Fotografie deutlich zum Ausdruck kommt.

Öst.-ung. Stellungen (oben) und ital. Stellungen (unten) am Vrsic-Paß, 1917.

Anfang meiner Gebirgsschützen auf der Straße vor. Mit gewohntem ruhigem, aber geräumigem Gebirglerschritt geht es vorwärts, trotz heißer Sonne und trotz der schweren Lasten. Durch einige deutsch sprechende Italiener lasse ich die Gefangenen unterhalb der Matajurstraße mit Front nach Osten aufstellen. Es sind 1500 Mann des 1. Regiments des Brigade Salerno. Die eigene Abteilung lasse ich gar nicht halten; nur einen Offizier und drei Mann rufe ich aus der Kolonne heraus. Zwei Gebirgsschützen werden mit dem Abtransport des italienischen Regiments über Mt. Cragonza nach Luico beauftragt, dem Unteroffizier Göppinger wird die Entwaffnung und der Abtransport der 43 italienischen Offiziere, getrennt von der Mannschaft, übertragen. Die italienischen Offiziere sind beim Anblick der schwachen Abteilung Rommel kampflustig geworden und versuchen, ihre Mannschaften wieder in die Hand zu bekommen. Aber nun ist es zu spät. Gewissenhaft und streng waltet Göppinger seines Amtes.

Während das entwaffnete Regiment sich talwärts in Marsch setzt, zieht die Abteilung Rommel dicht unterhalb des italienischen Zeltlagers vorbei. – Einige gefangene Italiener hatten mir kurz zuvor mitgeteilt, daß sich auf den Hängen des Matajur das 2. Regiment der Brigade Salerno befinde, ein ganz berühmtes italienisches Regiment, das schon wiederholt von Cadorna wegen hervorragender Leistungen vor dem Feind im Tagesbefehl rühmend erwähnt worden sei. Dieses Regiment werde ganz bestimmt auf uns schießen, wir sollten uns vorsehen.

Ihre Vermutung trifft zu. Kaum befindet sich der

Anfang der Abteilung Rommel auf dem Westhang des Mrzli Vrh, so setzt von den Höhen 1467 und 1424 kräftiges MG.-Feuer ein. Vorzüglich liegen die feindlichen MG.-Garben auf der Straße und fegen sie rasch leer. Dichte Büsche unterhalb der Straße entziehen uns gezieltem Feuer. Meine Männer habe ich rasch wieder in der Hand. Mit ihnen setze ich den Marsch nun nicht unterhalb der Matajurstraße in Richtung 1467 fort, sondern biege scharf nach Südwesten ab. Ich will in beschleunigtem Tempo über 1223 nach dem scharfen Knie der Matajurstraße südlich 1424 rücken. Sind wir dort, so kann uns das 2. Regiment der Brigade Salerno kaum mehr entgehen, dann ist es in ähnlicher Lage wie vor einer halben Stunde das 1. Regiment, nur mit dem Unterschied, daß ein Abmarsch nach Süden über die kahlen Hänge des Matajur durch unser Feuer verhindert werden kann, während bei Mrzli Vrh ein gedeckter Abmarsch durch die Waldzone noch möglich gewesen wäre.

Um den Gegner zu täuschen, lasse ich von den Westhängen des Mrzli Vrh einige MG. spielen. Mit der übrigen Abteilung erreiche ich unbelästigt von feindlichem Feuer – der Gegner kann in den dichten Buschgruppen die Bewegung nicht beobachten – das Wegeknie 600 m südlich 1424. Hier bereite ich einen überraschenden Angriff auf die Besatzung von 1424 vor, die immer noch auf die rückwärtigen Teile der Abteilung Rommel und unsere MG. auf Mrzli Vrh schießt. Der Erfolg auf Mrzli Vrh hat alle Anstrengung und Müdigkeit, die wundgelaufenen Füße und die von den schweren Lasten zerschundenen Schultern vergessen lassen.

Während ich die Vorbereitungen für den Angriff eifrigst betreibe, MG.-Züge in Stellung gehen lasse und Stoßtrupps bereitstelle, kommt von rückwärts der Befehl durch: ›Württ. Gebirgsbataillon kehrt marsch.‹ – Der Bataillonsbefehl ›Kehrt marsch‹ hat zur Folge, daß mit Ausnahme der 100 bei mir befindlichen Karabinerschützen und 6 s.MG.-Bedienungen alle übrigen Teile der Abteilung Rommel den Rückmarsch nach dem Mt. Cragonza antreten. Soll ich den Kampf ebenfalls abbrechen und nach Cragonza abrücken?

Nein! Der Bataillonsbefehl war in Unkenntnis der Kampflage auf den Südhängen des Matajur gegeben. Hier muß noch ganze Arbeit geleistet werden. Zwar kann ich mit weiterer Verstärkung in absehbarer Zeit nicht rechnen. Allein das Gelände begünstigt den geplanten Angriff sehr und jeder Württ. Gebirgsschütze wiegt 20 Italiener auf. Wir wagen den Angriff, trotz unserer lächerlich geringen Kopfzahl.

Drüben auf 1424 und 1467 steht der Verteidiger zwischen mächtigen Felsblöcken, Front nach Osten. Als das Feuer unserer MG. überraschend von Süden in die feindlichen Reihen schlägt, nimmt der Gegner rasch volle Deckung. Das starke Splittern muß drüben in dem Gestein die Wirkung des einzelnen Geschosses beträchtlich vermehren. Die feindliche Gegenwirkung ist gering. Unsere MG. haben sich in dichten, hohen Büschen so eingenistet, daß sie der Feind nur schwer finden kann.

Ich beobachte die vorzügliche Wirkung unseres Feuers mit dem Glas. Als die ersten Italiener versuchen, auf den Nordhang von 1424 auszuweichen, breche ich mit den Karabinerschützen rittlings der

Matajurstraße auf dem Westhang von 1424 vor. Unter dem starken Feuerschutz der s.MG. kommen wir rasch vorwärts. Rechts drüben räumt jetzt der Feind seine Stellungen auf dem Osthang von 1424 ganz, sein Feuer verstummt.

Wir bleiben im Angriff. Die s.MG. ziehe ich staffelweise nach. Von der Höhe 1467 will ein feindliches Bataillon nach Südwesten über Fta. Scrilo abrücken. Aber das Feuer eines unserer MG., 50 m vor den Anfang der Kolonne abgegeben, zwingt den Feind zum Halten. Er hat uns verstanden. Einige Minuten später nähern wir uns tücherwinkend der felsigen Höhe 500 m südlich 1467. Der Feind hat sein Feuer völlig eingestellt. Zwei s.MG. überwachen von rückwärts unser Vorgehen. Es herrscht eine unheimliche Stille.

Ab und zu sieht man einen Italiener durch die Felsen huschen. Jetzt windet sich die Straße selbst zwischen Felsen hindurch. Dabei können wir das Gelände vor uns nur auf wenige Meter übersehen. Als wir um eine scharfe Ecke biegen, weitet sich wieder der Blick nach links. Vor uns steht – kaum 300 m entfernt – das 2. Regiment der Brigade Salerno, sammelt und legt die Waffen nieder. Tieferschüttert sitzt am Straßenrand der Regimentskommandeur, umringt von seinen Offizieren, weinend vor Wut und Scham über die Gehorsamsverweigerung seiner Soldaten, seines einst so stolzen Regiments. Rasch, ehe die Italiener meiner kleinen Zahl ansichtig werden, trenne ich die 35 Offiziere von den bis jetzt gesammelten 1200 Mann und setze letztere in beschleunigtem Tempo auf der Matajurstraße nach Luico in Marsch. Der gefangene Oberst

schäumt vor Wut, als er sieht, daß wir nur eine Handvoll deutscher Soldaten sind.

Ohne Pause setze ich den Angriff gegen den Gipfel
des Matajur fort. Dieser liegt noch 1500 m entfernt
und 200 m höher. Auf der felsigen Gipfelkrone sieht
man mit dem Glas deutlich die feindliche Besatzung
in Stellung liegen. Sie will anscheinend dem Beispiel
der Kameraden auf dem Südhang des Matajur, die sich
ergeben haben und bereits im Marsch sind, nicht folgen. – Leutnant Leuze gibt mit einigen MG. Feuerschutz für den Angriff, den wir auf kürzestem Weg von
Süden versuchen. Allein das feindliche Abwehrfeuer
ist hier sehr lästig und die Annäherungsmöglichkeiten derart ungünstig, daß ich es vorziehe, am gewölb-
ten Hang ungesehen von der Gipfelbesatzung nach
Osten auszubiegen und von 1467 her die Gipfelstellung anzupacken. Immer noch streben während dieser
Bewegung kleine Trupps von Italienern mit und ohne
Waffen der Stelle zu, an der vor einer Viertelstunde das
2. Regiment der Brigade Salerno die Waffen niederge-
legt hat.

Auf dem scharfen Ostgrat des Matajur, 500 m ostwärts des Gipfels, überraschen wir eine ganze italienische Kompanie. Ohne Kenntnis der Vorgänge in ihrem Rücken steht diese am Nordhang unterhalb des
von 1467 nach 1643 verlaufenden Grates, Front nach
Norden, im Feuergefecht mit Spähtrupps der 12. Division, die vom Mt. della Colonna gegen den Matajur im
Aufstieg begriffen sind. – Unser plötzliches Auftauchen mit schußbereiten Waffen im Rücken am Hang
oberhalb, zwingt auch diesen Feind zu rascher Übergabe ohne Gegenwehr.

Während Leutnant Leuze die Gipfelbesatzung mit etlichen MG. aus südostwärtiger Richtung beschießt, steige ich mit den übrigen Teilen meiner kleinen Schar in westlicher Richtung auf dem Grat gegen den Gipfel auf. Auf einer Felsenkuppe 400 m ostwärts des Gipfels gehen weitere s.MG. als Feuerschutz für den auf dem Südhang angesetzten Stoßtrupp in Stellung. Ehe wir jedoch das Feuer eröffnen, macht die Gipfelbesatzung Zeichen der Übergabe. Weitere 120 Mann warten geduldig, bis wir sie bei dem verfallenen Gipfelhaus (Grenzwachhaus) des Matajur (1641 m) in Empfang nehmen. Ein Spähtrupp des J.R. 23, bestehend aus einem Unteroffizier und sechs Mann, stößt von Norden aufsteigend zu uns.

Um 11.40 Uhr des 26. Oktober 1917 verkünden drei grüne und eine weiße Leuchtkugel, daß das Matajurmassiv gefallen ist. Ich ordne für meine Abteilung eine einstündige Gipfelrast an. Sie ist wohlverdient.

Ringsum sehen wir in strahlender Sonne die gewaltige Gebirgswelt. Weithin schweift der Blick: Im Nordwesten, 9 km entfernt, liegt der um 27 m höhere Stol, gegen den die Flitschergruppe angesetzt ist. Im Westen sehen wir tief unter uns den Mt. Mia (1228 m). Ins Natisonetal können wir nicht sehen, es liegt zwar nur 3 km entfernt, aber 1400 m tiefer. Im Südwesten liegen die fruchtbaren Gefilde um Udine, das Hauptquartier Cadornas. Im Süden schimmert als schmaler Streifen die Adria. Im Südosten und Osten liegen die uns so wohlbekannten Berge Cragonza, Mt. San Martino, Mt. Hum, Kuk, Gipfel 1114.

Daß ringsum Krieg ist, daran erinnern die zwischen uns sitzenden Gefangenen, schwaches Artilleriefeuer und ein Luftkampf, bei dem ein italienisches Flugzeug brennend in die Tiefe stürzt. Von Nachbarn ist nichts zu sehen. – Ich diktiere Leutnant Streicher den Gefechtsbericht, den Major Sproesser täglich verlangt« (Rommel: »Infanterie greift an«).

Ununterbrochen, rund um die Uhr, seit Beginn der 12. Isonzoschlacht und seit Beginn der ersten Gefechte im Morgengrauen des Durchbruchstages von Flitsch–Tolmein–Karfreit am 24. Oktober 1917, standen die Soldaten und Offiziere des Württembergischen Gebirgsbataillones im Einsatz. Ohne Pause, ohne richtige warme Verpflegung, nahezu ohne Schlaf.

Ununterbrochen tobte der Krieg, der Kampf im steilen, felsigen Gelände.

Die Einsatzorte der Württemberger aber waren noch dazu nicht im Gros anderer Verbände gelegen – nein, den Soldaten zwang das Geschehen ein Vorgehen in vorderster Linie – noch vor dem Deutschen Alpenkorps – auf. Männer und Offiziere waren auf sich allein gestellt über weite Strecken. Allein im Dunkel der Nacht, oft ohne Verbindung nach hinten und immer wieder dafür in allernächster Nähe zu den Italienern. Es gab Stunden, wo kein Stein rollen durfte, wo kein Mann husten durfte, wo keine Waffe zu Boden poltern durfte. Zeiten, in denen das Gelingen des Angriffs und auch unter Umständen das Überleben der Männer von der Vermeidung jeglichen Geräusches abhing. Und dies alles unter dem Eindruck ewiger Strapazen, die hinter den Männern lagen und in der Erwartung neuer Mühen und Qualen, die vor ihnen lagen ...

Welche Spannung, welche Nervosität muß da wohl insgeheim im Herzen so manches Soldaten gewesen sein? Im Schatten der dunklen Nacht von Jevscek, im Morgengrauen unter dem Gipfel des Cragonza? Auf dem Weg über Gipfel und Grate oder im Versteck in Wäldern und Buschgruppen?!

Allein, man darf im nachhinein bemerken, daß diese Art der Kriegführung genau in den Intentionen Rommels, Sproessers und seiner Männer gelegen sein mußte:

Kein stumpfsinniger Kampf in der Ebene, keine Massenschlacht, sondern kühne Aktionen – geplant von Soldaten, die ihre ganze Intelligenz, ihre angeborenen Charaktereigenschaften und ihre körperliche Zähigkeit für dieses Ziel einsetzen konnten.

Trotz der größeren Gefechte, die auf dem dornenreichen Weg von Tolmein bis zum Monte Matajur lagen, war es ein Krieg kühner Männer, hervorragender Einzelpersönlichkeiten, die in ihrer Gesamtheit als Bataillon oder im Rahmen der Kompanien bis hinunter zu den kleinsten Abteilungen eine einmalige, vertrauensvolle Kameradschaft verband.

Und so braucht es uns nicht zu verwundern, wenn General v. Tutschek im Tagesbefehl vom 3. November 1917 formulierte:

»Die Erstürmung des Kolovratrückens brachte den gesamten Bau des feindlichen Widerstandes zum Einsturz. Das Württembergische Gebirgsbataillon unter seinem zielbewußten Führer Major Sproesser, seinen wagemutigen Offizieren hat hier in erster Linie mitgewirkt. Die Wegnahme des Kuk, der Besitz von

Luico, die Durchbrechung der Matajurstellung durch die Abteilung Rommel leiteten die unaufhaltsame Verfolgung im Großen ein. —«

*

Der Matajur aber zählte zu den großen Fragezeichen des Durchbruchs aus den Bergen um Flitsch. Seine Sperriegelfunktion entschied wesentlich über Glück oder Unglück der Offensivkräfte. Der Matajur war der Schlüssel, das Sesam-öffne-Dich für den Vormarsch in die tieferen Regionen. Der Weg war frei – maßgeblich geöffnet durch die Leistung der Männer um Rommel und Major Sproesser. Das weite Kernland des Gegners lag nun zum Greifen nahe vor ihnen. Mit einem ungeheuren Elan stürzten sich nachfolgend die verbündeten Armeen Österreich-Ungarns und des Deutschen Reiches in die Tiefebene.

Ein beispielhafter Wille erfaßte jeden einzelnen Soldaten. Der Sieg und der – kaum erhoffte – Durchbruch in den Bergen wirkten wie ein neues Lebenselixier. Elf grauenhafte Schlachten am Isonzo mit mehreren hunderttausend Toten lagen bereits in der Vergangenheit. Der Druck dieser Jahre war vergangen – aber nicht vergessen, dazu waren die Opfer zu grauenhaft. Die psychische Konstitution aber jener Männer, die die 12. Schlacht am Isonzo trugen, war durch den blitzschnellen Erfolg des Angriffes neu erstarkt.

Eine der interessantesten zeitgeschichtlichen Darstellungen über das Deutsche Alpenkorps und über die Württemberger während des Durchbruches aus den Bergen findet sich im Werk »Gegen Italien mit dem Deutschen Alpenkorps«, verfaßt von Albert Reich (Kriegsteilnehmer) und Prof. Dr. Karl Reich. Als zeitgenössische Quelle möchte ich dem Leser dieses Buches einen besonders interessanten Abschnitt daraus nicht vorenthalten und im Zitat veröffentlichen. Bitte bedenken Sie bei manchen Formulierungen dieses Zitatblockes, daß die Erbitterung über Italiens Verrat 1915 durchaus berechtigt war und daher auch ihren textlichen Niederschlag findet. Diese Abhandlung zeigt Ihnen, sehr geehrte Leser, aber auch, wie sehr das italienische Volk diesen Krieg ablehnte.

»Der Durchbruch bei Tolmein«

»So kam die Nacht des 23. Oktober heran, kalt, trüb und regnerisch. Die Infanterieregimenter des Alpenkorps lagen sturmbereit in ihren Stellungen. Als Ausgangspunkt für ihren Angriff hatte der südlich Tolmein auf der Höhe von Sveta Maria liegende Brückenkopf gewählt werden müssen, da ein Vorgehen durch den infolge der vorhergehenden Regentage angeschwollenen Isonzo nicht möglich war. Der Beginn der Artillerievorbereitung war auf den 24., früh 2 Uhr, festgesetzt. An der Front war es still – die unheimliche Ruhe vor dem Gewitter. Langsam schlichen die Stunden dahin. Man stand im beherrschenden Bann der kommenden Dinge. Jetzt war der Zeiger auf 2 Uhr gerückt – und schon schwirrten die ersten Granaten durch die zitternde Luft und schlugen laut krachend drüben beim Feind ein. Laut hallte es in den Bergen. Um 6 Uhr 30 setzte das Vernichtungsfeuer der gesamten Artillerie und der Minenwerfer ein, das 1½ Stunden auf die feindlichen Stellungen herniederhagelte, Geschütze leichteren, schweren und schwersten Kalibers spien auf sie Tod und Verderben. In der letzten Viertelstunde wurde es zur höchsten Wirkung gesteigert. Jede Minute, jede Sekunde, ohne Stillstand blitzte es auf aus den Minenwerfern und den ehernen Schlünden der Kanonen. Der Sturm wuchs zum rasenden Orkan. Der schauerliche Chorus der pfeifenden, pfauchenden, heulenden, schwer dahinrollenden Geschosse und donnernden Einschläge verkündete es weithin, daß die Stunde gründlicher Abrechnung mit den treulosen Verrätern gekommen. Das Echo nahm die Kunde von dem jäh hereingebrochenen Strafgericht gierig auf und trug sie geschäftig weiter, tief in die Berge und Täler ringsum. Dichte Nebelmassen, die sich aus dem Dunst des Artilleriefeuers gebildet hatten, lagen über der ganzen Gegend, Regen strömte hernieder. Um 8 Uhr treten die Infanterieregimenter zum Sturm an! Gleichzeitig brechen sie von dem Brückenkopfberg hervor und streben in westlicher Richtung kühn vorwärts drängend der Höhe 1114 zu, dem starken Eckpfeiler im fest gefügten Bau der feindlichen Verteidigungsanlagen. Während sich die bayerischen Jäger südlich der Kamenzaschlucht durch überaus schwieriges, vom Feinde hartnäckig verteidigtes Gelände vorarbeiten, durchschreitet das Infanterie-Leibregiment, in seiner rechten Flanke vom Württembergischen Gebirgsbataillon gesichert, die Woltschacher Ebene ohne Aufenthalt, da es weder hier noch von dem vorgeschobenen, durch unsere Minenwerfer gründlich bearbeiteten Stützpunkt St. Daniel Widerstand findet. Dicht hinter dem Feuer der Artillerie, das der stürmenden Truppe den Weg ebnet, steigt es am Osthang des Kamenzarückens empor, erreicht in unaufhaltsamem Vormarsch schon um 2 Uhr nachmittags den Hevnik und trägt von hier in nicht ermattendem Schwung von Norden her den Angriff gegen die Höhe 1114. Trotz der aufs stärkste ausgebauten, betonierten Stellungen der Italiener setzt er sich auch hier durch und gegen Abend nähert sich die vordere Linie des Regiments dem feindlichen Hauptstützpunkt. Es dämmert schon, als Leutnant von Schörner an der Spitze der 7. Kompanie in ihn als siegreicher Eroberer eindringt. Mit dem überaus wichtigen Bollwerk fallen den Unsern 1200 Gefangene, darunter 3 Stabs- und viele andere Offiziere, 33 Geschütze, davon 12 schwere, sowie zahlreiche Maschinengewehre in die Hand. Um dieselbe Zeit nahm das schwäbische Gebirgsbataillon das Artillerienest Foni mit seinen schweren Batterien.

Unterdes rang das 1. Jägerregiment in erbittertem Kampfe um die Höhe 732. Felsen und steile Steinwände sperren ihm den Weg; hinter diesen und von diesen setzt sich der Feind verzweifelt zur Wehr, der auch von der Jeza her unterstützt wird, wo die Nachbardivision einen schweren Stand hat. Am Abend aber können auch die braven Jäger melden: ›Höhe 732 unser!‹

›Rastlos vorwärts!‹ war auch am folgenden Tage die Losung. Das Infanterie-Leibregiment und das Württembergische Gebirgsbataillon stürmen gegen die starken feindlichen Stützpunkte am Kuk vor und nehmen sie durch überraschenden Einbruch und umfassende Umgehung. Wiederum waren mächtige Breschen in den feindlichen Festungswall gebrochen. Aber unaufhaltsam drangen die Bataillone, von den bayerischen und preußischen Jägern nach Süden gegen die noch in starken Stellungen sich haltenden Italiener gesichert, gegen Luico und entlasteten die Nachbardivision, die starkes Artilleriefeuer erhielt und gegen die der Feind auf Lastautos starke Reserven heranbrachte. Das plötzliche Erscheinen der Bayern und Württemberger rief in Luico eine Panik hervor. In regelloser Flucht suchten die Italiener im Tale nach Savogna und gegen die Höhen des Matajur zu entkommen. Das Dorf wurde gestürmt. Was gegen Savogna entrann, wurde abgefangen; was zum Matajur seine Zuflucht nahm, kam unter das Feuer der auf dem Westhang des Kuk in Stellung gegangenen Maschinengewehre. Die Hälfte der 4. Bersaglieribrigade mit Oberst, Oberstleutnant, 30 Offizieren wurden gefangen genommen sowie 6 schwere Geschütze und eine Menge Kriegsmaterial erbeutet.

Daß in unserer Armee trotz des lange dauernden Krieges frischer Angriffsgeist noch ungebrochen lebt, beweist die Ersteigung des Monte Matajur durch die Abteilung Rommel vom Württembergischen Gebirgsbataillon. 52 Stunden ununterbrochener Märsche und Kämpfe hatte die Truppe schon hinter sich, als sie noch in der Nacht gegen den Berg anstieg. Aber ihr ungestümer Vorwärtsdrang kannte keinen Stillstand, keine Rast. Durch entschlossenes Handeln brach sie jeglichen feindlichen Widerstand und am Morgen des 26. Oktober stand der schneidige Führer mit seiner getreuen Schar auf dem Gipfel des Matajur. Mit Leutnant v. Schnieber vom 63. schlesischen Regiment teilt er sich in den Ruhm eine der stärksten Bergfesten der Welschen mit stürmender Hand genommen zu haben.

Der Weg, den der Brigadestab vom zerschossenen Tolmein und Woltschach durchs Kampfgebiet nach Luico nahm, bot Bilder und Eindrücke, wie man sie nur in einem Bewegungskrieg erlebt, der gleich einem Orkan über erobertes Land dahinrast. Von Woltschach führt am Nordrand des Kamenzarückens ein Höhenpfad durch einen Buchenwald nach Foni. Zuerst verwehrt er neidisch den Fernblick; später aber schlängelt er sich immer wieder an den Saum des

Waldes und eröffnet über Weinberge freie Ausschau nach unten in das im Herbstschmuck prangende Isonzotal. Einen prächtigen Tag hatte uns nach den langen Regentagen ein gütiges Geschick beschieden. Rot und golden leuchtete das Laub der Buchenbäume und Rebstöcke, hell flimmerten die grauen Felswände der zum Fluß schroff abfallenden Berge; lustig spielte der Sonnenglanz über die grünen Wasser des Isonzo, als wollte auch die Natur ein Siegesfest feiern, nachdem der Feind verjagt, der zwei Jahre ihren Frieden gestört hatte. An den Ufern reiht sich Dorf an Dorf. Noch weilen ihre Bewohner ferne. Aber bald werden sie zurückkehren nach Haus und Hof, zu stiller, ländlicher Arbeit. Denn frei ist das Land, die welsche Herrschaft gebrochen! Bei Kamno weitet sich das Tal zur Mulde, die der Isonzo in großem Bogen kosend umschlingt. Traulich schmiegt sich der schmucke Ort an seine Ufer, von Hügeln schauen Kirchen und Kapellen ins Tal hinab, das weithin der Krn mit seinem schneebeckten Gipfel beherrscht. Lange Züge Gefangener kamen vorüber mit vielen ungemein charakteristischen, echt süditalienischen Typen. Sie gehörten zur Brigade Neapel. Doch verriet sich bei diesen in nichts das lebhafte südliche Temperament. Sie waren müde, abgespannt von den Aufregungen der letzten Tage, in Gedanken wohl auch mit ihrem künftigen Schicksal beschäftigt. Noch schauten in Foni die schweren Mörser, die Langrohre und Gebirgsgeschütze drohend gegen Tolmein, unmittelbar neben ihnen gähnten mächtige Trichter, vom wohlgezielten Feuer unserer Artillerie ausgehoben. Schwere Granaten lagen herum, andere waren in schachtartig in den Fels gehau-

enen Unterständen aufgestapelt. In den wohnlich eingerichteten Offiziersbaracken standen auf dem Tische
noch Fiaschi mit Wein, der andere Proviant hatte
wohl bei der stürmenden Truppe freudige Abnehmer
gefunden. Italienische Zeitungen, Zeitschriften, Bro-
schüren, Kanzleiakten, Bücher mit Einträgen über eigene und feindliche Artillerietätigkeit lagen bunt
umher. Das Datum vom 24. Oktober wies keinen Ein-
trag auf. Da fehlte Zeit und Lust zur Niederschrift.

Zahlreiche Baracken zogen sich in einer Schlucht
fast bis zum Isonzo hinunter. Sie bargen kostbare
Schätze: Leder- und Stoffgamaschen, Ballen von Uni-
form- und Wäschestücken, Zwieback, Fleisch- und
Fischkonserven, Seife, Kerzen, Sanitätsmaterial in
Mengen. Auch hier sah man wieder viele Gefangene.
Sie waren bei bester Laune und ungemein mitteilsam.
Nur eine Sorge drückte sie, ob jetzt nach dem siegrei-
chen Durchbruch der Deutschen wohl bald Frieden
würde und ob sie in absehbarer Zeit an ihre Angehörigen schreiben könnten. Danach fragten sie immer
wieder und zeigten die Photographien ihrer Frauen
und Kinder. Die Schilderung, die sie von der Stimmung der italienischen Soldaten und der Verhältnisse
in Italien gaben, bestätigten die Eindrücke, die man
bei den Gefangenenvernehmungen am ersten Tage
bekam. ›Das italienische Volk und die Soldaten‹ – so
lassen sich die Berichte der Gefangenen kurz zusam-
menfassen – ›sind durchaus kriegsmüde. Schuld an
dem Kriege sind die Reichen (Signori), die Barone und
Grafen, die Politiker und Zeitungsredakteure. Diese
führen aber hinter der Front ein schönes Leben und
halten im Parlamente und in den Cafés begeisterte

Reden. Wir haben die Schützengräben (trincee) satt. An Triest und dem Trentino liegt uns nichts. In uns lebt nur der eine Wunsch nach Frieden und nach Rückkehr zu unserer Familie.‹ Die Verpflegung der Armee und die Ernährung der Bevölkerung wurde als gut und ausreichend bezeichnet. Für die Niedertracht des Treubruchs der italienischen Regierung, die die Deutschen und Österreicher mit Recht aufs tiefste empörte, zeigten sie weniger Verständnis. ›England hat uns dazu gezwungen‹, meinten sie. ›Italien ist der Sklave Englands. Mit seinem Gelde sind wir verkauft.‹ Auf die Frage, ob sie von der Anwesenheit unserer Truppen erfahren hätten, antworteten die Italiener: ›Sie hätten gewußt, daß deutsche Truppen im Anmarsch seien, aber der Angriff habe sie doch völlig überrascht wie ein Gewitter. Die Deutschen sollten bis nach Venedig, bis nach Rom vormarschieren. Dann käme der Friede. Die Kraft dazu trauten die Italiener auch unseren Truppen zu, denn die ungestüme Wucht der Offensive hatte die Achtung, die unsere Armee schon vorher genoß, bei ihnen noch ganz gewaltig gehoben.

Beim Anstieg zum Hevnik weitete sich der Rundblick. Immer mehr Berge tauchten am Horizont auf. Endlich war die früher von niemand genannte, seit dem 24. Oktober durch unser Alpenkorps zu einer geschichtlichen Stätte gewordene Höhe 1114 erklommen. Die Sonne war eben im Untergehen. Hell flammten in weitem Umkreis die Gipfel und Kämme des Gebirges. Über das Isonzotal aber waren dunkle Schatten gebreitet. Karfreit, Idersco, Kamno und die auf Bergeshöhen einsam ragenden Kirchen und Kapellen umhüllte immer mehr sich verdichtender Nebelschleier. Tiefe Stille lag über dem friedlich schlummernden Tale. Nur oben auf dem Hevnik herrschte noch reges Leben. Tragtierkolonnen und Truppenteile richteten sich in den italienischen Schützengräben zur Unterkunft für diese Nacht ein. Mit einem Male fesselte alles ein seltsames Schauspiel. Tausende von italienischen Gefangenen strömten lärmend die durch Schützengräben führende Straße herunter. Ein brausendes ›Evviva Germanie‹ erscholl. Ihr Jubel kannte keine Grenzen. Mit lebhaften Gebärden und lebendigem Mienenspiel erzählten sie, mit lauten Ausrufen der Freude dazwischen, von dem blitzartigen Einbruch der Deutschen. Völlig überrascht hätten sie sich in allen Stellungen nach Hunderten ergeben; die Offiziere seien der Panik machtlos gegenübergestanden. Ein neapolitanischer Offizier sah mit unverkennbarem Unmut und verhaltenem Ingrimm auf das Treiben seiner Landsleute. ›Terribile, molto terribile‹ (schrecklich, ganz schrecklich), hörte man ihn halblaut vor sich hinsagen. Herrlich war der Tag – es war der 26. Oktober – an dem der Brigadestab zuerst durch lange Drahtverhaue, dann auf einer breiten, steil absteigenden Bergstraße Luico zustrebte.

Von stolzer, luftiger Höhe schaute man die im Sonnenglanze eines wundervollen Herbsttages sich weithin dehnende Gipfelwelt der Julischen Alpen. Unmittelbar vor uns stiegen der Rombon, der Krn, Matajur und alle die Berge in die Höhe, auf denen die Brandenburger und Schlesier sowie die verbündeten Truppen vorgestern und gestern die feindliche Front mit unwiderstehlicher Gewalt zerschlagen hatten, und von den stolz ragenden, vom Feinde befreiten Höhen glitt der Blick herab zu den waldigen Hängen links, weiter hinab ins Tal, durch das die Straße in die nahe italienische Ebene zieht, und blieb dann zuletzt auf Luico ruhen, das mit seinem weißen Kirchturm und seinen weißen Häuserwänden grell gegen die bunte Farbenpracht der es sorglich einbettenden Laubwälder abstach. An der Straße standen viele schwere Geschütze, die die Italiener in eiliger Flucht zurückgelassen hatten, mit zahllosen, noch gefüllten Munitionskisten; wüste Haufen von Uniformstükken, Gewehren, Patronentaschen, Konservenbüchsen, Gasmasken, Zeitungen, Briefen, Postkarten, Photographien von Familienangehörigen italienischer Soldaten, Verbandstoffe versperrten den Weg. In den von unsern Mörsern gerissenen tiefen Granatlöchern lagen die blutüberströmten Leichen gräßlich zerfetzter italienischer Kanoniere. So umfingen den Beschauer die majestätische Welt des Hochgebirges und die grauenvolle Welt des Krieges in ein und derselben Zeit, auf ein und demselben Raume, stürmten mit gewaltigen Eindrücken auf ihn ein und warfen ihn zwischen den widersprechendsten Empfindungen hin und her. Aber nur geraume Weile. Dann sieht er auch in den Bildern der Zerstörung und des Todes nur mehr die Trophäen deutschen Sieges, in den Bergen nur mehr gewaltige Hindernisse, die sich dem Ansturm unserer Truppen entgegengestellt, und nur ein Gedanke, ein Gefühl schwellt befreiend und beherrschend die Brust: die Freude über den herrlichen Sieg an der Südfront, der Stolz auf die unvergleichlichen Heldenscharen, die den Feind gleich beim ersten Waffengang vernichtend geschlagen.

Luico, Sitz eines italienischen Divisionskommandos, war infolge des schnellen, entscheidenden Eingreifens des Alpenkorps schon zwei Tage nach Beginn der Offensive in überstürzter Flucht vom Feinde geräumt worden. Alles wies darauf hin. Noch standen die Heu-, Stroh-, Matratzen- und Bettlager des italienischen Militärs unversehrt in den Obergeschossen der Häuser; in den unteren Räumen waren meist Munition, Arzneimittel, Proviant, vor allem Maismehl und Zwieback, in den Scheunen und Ställen große Vorräte von Heu, Hafer und Stroh gelagert. In den Stuben, die italienischen Offizieren als Arbeitsstätten gedient hatten, lagen auf den Tischen Generalstabskarten vom Tolmeiner und Karfreiter Frontabschnitt mit genauen Einzeichnungen der Infanterie- und Artilleriestellungen, daneben ganze Bündel militärischer Akten, Geheimerlasse, Befehle. Das Talbecken um das Dorf, am Morgen noch ziemlich frei, war mit einem Schlage in ein großes Truppen- und Kolonnenlager verwandelt mit dem ihm charakteristischen lebendigen, buntbewegten Treiben. Auch das Dorf war bis auf das letzte Fleckchen von Abteilungen aller Waffengattungen besetzt. An den Mauern der Häuser und Höfe, der Kirche und des Friedhofs lehnten in langen Reihen Tornister und Gewehre; dicht zusammengepreßt standen davor Infanteristen, rauchend, essend oder aus Feldflaschen Kaffee trinkend; recht unfreiwillig nahmen sie strammste militärische Haltung an, wenn vorüberrasselnde schwere Artillerie, die bereits von der Karfreiter und Tolmeiner Front eintraf, sie noch enger zusammenpferchte. In den Höfen dampften die Feldküchen, brodelte es über Kochfeuern in den Feldkesseln der Soldaten. Fernsprecher bauten eifrig von den schnell neu eingerichteten Stabsquartieren die Anschlüsse an die verschiedenen Kommandostellen. Unausgesetzt erschienen einzeln, zu zweien, in ganzen Geschwadern Flieger über den Bergen und steuerten auf raschen Schwingen südwärts in die Gegend von Cividale, das nächste Ziel. Eben galoppierte auch eine Abteilung Kavallerie davon um in derselben Richtung aufzuklären.

Am Dorfeingang standen noch vollbepackte italienische Bagagewagen. Manche lagen von Volltreffern zertrümmert in dem Straßengraben, ein wüstes Durch- und Übereinander von toten Pferden, Deichseln, Rädern, Proviantkisten, die teils noch wohlerhalten teils in Fetzen zerrissen waren. Lange Züge italienischer Gefangener wurden zur Sammelstelle gebracht; andere harrten wohlgeordnet des Abtransportes und kaum war eine Kolonne abgeschoben, drängten schon wieder neue Haufen von den Bergen, aus den Schluchten, vom Tale in größeren Abteilungen, kleineren Gruppen oder einzeln heran. Auch aus ihren Gesichtern strahlte selige Zufriedenheit. Gerne gaben sie von ihrem Zwieback und ihren Fleisch- und Fischkonserven. Der Brunnen war von Scharen dürstender Deutscher und Italiener die ganze Zeit belagert. Es war ein heißer Tag und unsere Krieger hatten schon Schweres hinter sich. Ihre Gesichter glühten, ihre Stirnen troffen vom Schweiß. Bescheiden ließen die Italiener den Siegern den Vortritt. Gleichmütig betrachteten sich unsere Feldgrauen die Gefangenen; ihr Anblick war ihnen nichts Neues mehr, waren doch seit den zweieinhalb Tagen allein vom Alpenkorps schon an die 10 000 eingebracht.

Der Mittag brachte das spannende Schauspiel eines Fliegerkampfes. Ein italienischer Flieger zog über Luico seine Kreise, bald höher bald tiefer. Das lebhafte Feuer der Abwehrkanonen störte ihn nicht. Da vernimmt man vom Kuk her das Surren eines Propellers. Ein Doppeldecker kommt näher und näher, schon ist das ›Eiserne Kreuz‹ deutlich sichtbar. Kaum wird der Deutsche seinen Gegner gewahr, stürzt er sich auf ihn wie ein Habicht auf die Taube. Der Italiener, der sein Fahrzeug mit staunenswertem Geschick meistert, steuert in die Höhe, weit empor. Aber unser Flieger folgt ihm in kühnem Anstieg auf der steilen Bahn. Schon hat er ihn überholt. Hoch über den Bergen schweben beide, in schimmernder Bläue. Maschinengewehrschüsse krachen. Da schießt ein Flieger in jähem Gleitflug zu Tal und nimmt den Kurs nach Süden – es ist der Italiener. Aber schon ist auch der Deutsche in der Tiefe. Eine tolle Jagd beginnt. Bald ist er wieder dem Gegner dicht zur Seite, jetzt zu Häupten. Wieder rattern die Maschinengewehre. Mit einem Male züngelt vom Fahrzeug des Italieners eine Flamme senkrecht empor; gleich darauf umlodert es ein sprühender Feuerschwall. Es überschlägt sich und saust brennend in die Tiefe. Krachend prallt es auf der Erde auf und bohrt sich tief in den weichen Grund. Unter einem Trümmerhaufen zieht man die verkohlte Leiche des Italieners, eine formlose Masse, hervor. Man birgt sie in das Grab, das die Maschine ihrem Lenker gegraben.

Von Südwesten donnerten die Kanonen. Dort war

das Alpenkorps in Kämpfe mit den Italienern verwik-
kelt. Schon in aller Frühe desselben Tages hatte es in
drei Kolonnen in südwestlicher Richtung in dem
Streifen Matajur–Brischis, Tercimonte–St. Lorenzo,
Luico–Savogna über die Berge und im Tale die
schnelle Verfolgung des unter allen Zeichen der Zer-
setzung zurückweichenden Feindes aufgenommen;
denn es galt rasch Gelände zu gewinnen um ihm die
Organisierung eines neuen Widerstandes unmöglich
zu machen. Nach glücklichen Gefechten, die unseren
Truppen wieder 4200 Gefangene, 80 Geschütze und
zahllose Maschinengewehre, teils in betonierten Stellungen, einbrachten, erreichten sie am Abend den Na-
tisoneabschnitt in der Linie Brischis–Brückenkopf
Teglio-Höhen nordwestlich S. Pietro. Doch es gibt
kein Halten im stürmischen Siegeslaufe. Preußische
Jäger und Leiber eroberten am folgenden Tage den
Monte Madlessina. Die Bedienungsmannschaften der
italienischen Geschütze fielen unseren Maschinengewehren zum Opfer; den flüchtenden Batterien wurden die Pferde abgeschossen. Nachmittags 3 Uhr rükken mecklenburgische Jäger als erste deutsche Truppen in die Stadt Cividale ein. Bald folgen Leiber und
das schwäbische Gebirgsbataillon, das sich an den
Kämpfen einer Nachbardivision am Monte Purgessimo beteiligt hatte. Am Abend war die Ebene in Linie
Cividale–Campeglio gewonnen. Die Italiener hatten
bei ihrem Abzug aus Cividale Munitionsdepots in die
Luft gesprengt. Schwere Brandwolken lagerten über
der Stadt.

So hatten unsere Truppen zahlreiche, meisterhaft
ausgebaute, stark besetzte und hartnäckig verteidigte,

vom Feinde selbst als ›fast unüberwindliche Barrièren‹ gepriesene Stellungen in heldenmütigem, alle Hindernisse niederzwingendem Ansturm durchbrochen und in zwei Tagen die Front in Trümmer geschlagen, an der der Feind zweieinhalb Jahre gebaut hatte. Wie der Herbstwind die Spreu im Walde so fegte es die Feinde vor sich hin, von den Bergen in die Ebene, von der sie zu tückischem Überfall auf unsere Bundesgenossen heraufgestiegen waren. Viele Tausende von Gefangenen, Hunderte von Geschützen, zahllose Maschinengewehre und sonstiges Kriegsmaterial hatte es erbeutet. Damit hatte das Alpenkorps die ihm gestellte schwere Kampfaufgabe glänzend gelöst. Nach 4 Tagen und Nächten fortgesetzter Kämpfe und Verfolgungsmärsche hatte es sich den Ausgang aus den Bergen erzwungen. Hinter ihm lagen die Alpen, vor ihm die weite friaulische Ebene.« (Albert Reich / Prof. Dr. Karl Reich.)

Dieser Beitrag über die Leistungen des Deutschen Alpenkorps schneidet eine Fülle wichtiger Fragen an — einer der interessantesten Aspekte aber ist jener, daß das italienische Volk durchaus nicht mit diesem Krieg einverstanden war. Eines muß aber betont werden: Diese Ansicht war nur gültig, solange die Front gegen Österreich-Ungarn fast zur Gänze auf Monarchieboden verlief.

Nach dem großen Erfolg der Verbündeten in der 12. Isonzoschlacht, nach der Eroberung Friaul/Venetiens und dem Vorprellen bis zum Lauf des Piave standen die Armeen Österreich-Ungarns und des Deutschen Reiches auf italienischem Heimatboden. Dadurch und durch den ohnedies noch blutjungen italienischen Nationalismus entfachten sich die Herzen des italienischen Volkes. Nun, ja nun ging es um die Heimat – der Krieg ging bis ins Mark Italiens. Die vordem eher kriegsmüde Stimmung Italiens – mit Ausnahme des Trentino – wandelte sich grundlegend.

In der Verteidigung der Heimat sahen die leicht entflammbaren Söhne Italiens wahrhaftig einen tiefen, edlen Sinn. Die Aufopferung im Krieg, der Wille zum Widerstand wurde für weite Bevölkerungskreise Italiens eine »heilige Pflicht«. Diese hier von mir nur skizzierten Gesichtspunkte fielen bei den Kämpfen am Monte Grappa bereits schwer ins Gewicht. Am Grappa kämpften die Italiener unendlich zäher, tapferer und hingebungsvoller als im Raume Flitsch–Tolmein–Karfreit. Nun ging es um die Bewahrung der so mühsam errungenen Einigung Italiens …

Ein Teil der Illustrationen dieses Buches zeigt Ihnen in Originalkriegsaufnahmen die geographische Situation des Durchbruchsraumes von Flitsch bis Tolmein. Sämtliche Aufnahmen sind während der Vorbereitung der Offensive, aber auch während dieser selbst fotografiert worden.

Dieses Bildmaterial ist von außergewöhnlicher Seltenheit. Fotohistorisch gesehen sind jene Aufnahmen, die Artilleriekämpfe zeigen, zusätzlich von allergrößter Bedeutung, ganz abgesehen von ihrem geschichtswissenschaftlichen Wert.

Auf Seite 44 sehen Sie das Festungswerk und die berühmte Klause von Flitsch. Auf diesem Wege brachen u. a. die angreifenden Truppen vor. Wenn Sie diesen inneralpinen Talkessel kennen, so können Sie erahnen, welches Dröhnen am 24. Oktober, 2 Uhr früh, hier herrschte.

Auf Seite 77 finden Sie zwei Abbildungen, die obere zeigt den Brückenkopf von Tolmein mit dem beckenartigen Talboden, über den die Offensive vorgetrieben wurde.

Österr.-ung. und reichsdeutsche Stellungen im Raum Flitsch dokumentiert das untere Bild.

Die Seite 78/79 beinhaltet ein Panorama des Flitscher Beckens: Links im Vordergrund eine Feldwache, im Talboden der breite Rücken des Ravelnik. Im entferntesten Taleinschnitt liegt der Rücken des Monte Stol, zu seinen Füßen das Dorf Saga. Rechts im Bild ist das Dorf Flitsch zu erkennen. Knapp hinter Flitsch steigen die steilen Hänge und Wandfluchten zum Rombon empor.

Die Abbildung auf Seite 80 zeigt ebenfalls das Flitscher Becken. Vorne der Rücken des Ravelnik, weit im Hintergrund der Monte Stol. Wir blicken in Stoßrichtung der Offensive.

Auf Seite 81 (oben) finden Sie einen Blick auf Flitsch, aufgenommen vom Ravelnik. Hinter Flitsch wieder der Rombon.

Die Abbildung auf Seite 81 (unten) veranschaulicht einen eng begrenzten Ausschnitt von der Kuppe des Ravelnik.

Ein weiteres Panorama des Flitscher Beckens sehen Sie auf Seite 82/83: Hier aber besonders deutlich der weiße, verschneite Gipfelaufbau des Rombon.

Seite 84 unten: Karststellungen an der Isonzofront mit österr.-ung. Artilleristen – und ganz rechts im Bild

146

deutsche Soldaten. Die Abbildung darüber wurde in einer Etappenstellung im Karst, 1917, aufgenommen.

Von großer Seltenheit ist die Aufnahme auf Seite 117 – mit österr.-ung. Soldaten in den Julischen Alpen, in der Nähe von Flitsch. Auf Seite 118/119 nochmals ein Panorama des Beckens von Flitsch.

Beide Abbildungen auf Seite 120 demonstrieren die Lage am Vrsic-Paß. Oben die österr.-ung. Stellung, und im Bild unten die italienische Vor-Stellung – fotografiert aus einer österr.-ung. Kaverne. So nahe lagen Freund und Feind gegenüber – vor Beginn der Offensive 1917.

Seite 153 oben: Der Kampfraum am Vrsic-Paß 1917. Das Bild unten ist eine Ansicht des Slatenikgrabens mit Monte Canin im Hintergrund.

Seite 154 oben: Österr.-ung. Stellung am Rombon 1917. Im Bild unten eine badische Tragtierkolonne an der Italienfront. Auf der Seite 155 oben nochmals eine Abbildung aus dem Kampfraum in Flitsch: Österr.-ung. Stellungen im Hochgebirge, 1917.

Aus den Bergen zum Tagliamento

Das strategische und das taktische Konzept der verbündeten Armeen gegen Italien kam voll zum erfolgreichen Abschluß: Durchbruch aus den Bergen – Vernichtung des Gegners auf den hohen Gipfeln – gleichzeitiger Vorstoß in den Talböden. Zwei Vorstöße, die sich nach wenigen Tagen zu einer unglaublichen starken Streitmacht für den Vormarsch in die Ebene vereinigten. In den ersten Tagen des November wichen die Truppen Italiens bereits auf das Westufer des Tagliamento zurück. Nur noch wenige Brückenköpfe konnten die italienischen Truppen auf dem Ostufer des Flusses halten: bei Codroipo, bei Dignano, bei Pinzano. Doch die ersteren beiden Brückenköpfe wurden schon nach kurzer Zeit von Bayern, Württembergern und Preußen bewältigt.

Gleichzeitig hetzten österr.-ung. Truppen im Isonzo-Abschnitt die Italiener gegen Latisana, während Schlesier und Brandenburger am Tagliamento-Unterlauf die Italiener vernichtend zurücktrieben. Zu guter Letzt wurde auch noch der Brückenkopf bei Pinzano genommen.

Die Italienischen Truppen gerieten in eine Zange, aus der es kein Entrinnen mehr gab – es sei denn für jene Einheiten, die noch rechtzeitig – vor dem Schließen der Zange – das Westufer des Tagliamento erreichten. Für die anderen Einheiten gab es ein bitteres Erwachen, als sie sich wie in Flaschenhälsen stauten – an den wenigen Übergängen, die aber alle bereits in Händen der Verbündeten waren ...

So mußten sich allein am Ostufer des Tagliamento

an die 60 000 Italiener ergeben. Sie erhöhten die Gesamtzahl der Gefangenen dieser Tage auf 180 000. Gleichzeitig erbeuteten die Offensivtruppen ein ungeheures Material an Kriegsgerät, darunter fast 1500 italienische Geschütze. Und dies alles schon nach wenigen Tagen, da die Offensive ins Rollen kam. Diese Schnelligkeit der Ereignisse, dieses blitzschnelle Handeln schufen nun eine glänzende Ausgangsposition für das weitere Vordringen durch Friaul/Venetien.

Wie aber ist es den Württembergern in der Zwischenzeit ergangen?

Vom Gipfel des Monte Matajur stiegen die Männer um Rommel und Sproesser zu Tode ermattet herab. Endlich können sie der Ruhe pflegen und von den allergrößten Anstrengungen sich kurzfristigst erholen. Doch nicht lange – denn der Vormarsch geht weiter, hinein in das Natisonetal und weiter vor gegen Cividale. Doch ehe es soweit ist, müssen die Männer noch mehrere Feindberührungen bei San Quarzo und um den Purgessimo bestehen.

In den letzten Tagen verschlechterte sich das Wetter zusehends, dunkle Wolken hingen über Oberitalien, schwer, bleigrau – ein düsteres Licht lag über dem einst friedlich-sonnigen Land. Der nicht endenwollende Dauerregen machte den vorgehenden Soldaten schwer zu schaffen, alles versank, erstickte im Schlamm, im Dreck, in einer wahren Sintflut.

Am 28. Oktober erreicht Rommel mit seinen Männern den Torrente Torre, der inzwischen Hochwasser führte. Erste Versuche, den Fluß zu bezwingen, scheitern. So kriecht die ganze Einheit in Primulacco unter, versorgt sich aus italienischen Depots und kann sich zum ersten Mal seit Tagen mit trockenen Unterkleidern eindecken.

Jedoch – der Übergang über den Torrente Torre sollte nur wenige Stunden auf sich warten lassen: In den Stunden um Mitternacht eröffnen württembergische Artilleristen das Feuer auf die italienischen Geschützstellungen westlich des 500 m breit dahinrasenden Flusses.

Währenddessen requirieren die Soldaten des W.G.B. eine Unzahl von Fuhrwerken – nach dem Rückzug der Italiener herrscht da kein Mangel mehr. Im Schutze der Nacht und des brausenden Regens wird eine ununterbrochene Kette von hintereinander befestigten Fuhrwerken in die reißenden Wassermassen hineingeschleppt. Doch das jenseitige Ufer wird nicht ganz erreicht. Im Morgengrauen überbrücken die Soldaten dieses letzte Stück mit einem gespannten Seil. Binnen kurzem schafft das W.G.B. nun den Übergang über den Torrente Torre.

Rommel reitet neben den Männern, die sich am Seil festhaltend gegen die Strömung stemmen, einher. Plötzlich verliert ein italienischer Gefangener den Halt und wird von den Wassermassen abgetrieben.

Erwin Rommel treibt sein Pferd durch die Fluten des tobenden Flusses, es gelingt ihm, den Italiener heil an Land zu bringen. –

Die restlichen Teile des Bataillones gingen an anderer Stelle über den Torrente Torre, in den späten Stunden dieses Tages aber sind alle Kompanien des Bataillones in Fagagua vereint.

Nach Überquerung des Flusses wird das Württembergische Gebirgsbataillon aus dem Deutschen Alpenkorps ausgegliedert und soll anschließend – nun im Verein mit der 22. Schützendivision (K. u. k.) – quer durch das zerklüftete Bergland gegen Longarone vorrücken.

Diese Aufgabe für das Bataillon ist im Zusammenhang mit den Ereignissen an der Hochgebirgsfront in den Julischen, Karnischen Alpen und an der Dolomitenfront zu verstehen. Durch den Erfolg der Offensive bricht in diesen Gebirgsabschnitten die hochalpine Front Italiens zusammen.

Die aus den Gebirgen zurückströmenden italienischen Einheiten sollen nach Möglichkeit vor dem Erreichen der Tiefebene abgefangen, in die Zange genommen und überwältigt werden. Das Württembergische Gebirgsbataillon hat in diesem Zusammenhang eine wichtige Hauptaufgabe zu übernehmen: Möglichst rasches Vorrücken aus östlicher Richtung gegen den Raum um Longarone. Gleichzeitig soll das Bataillon italienische Einheiten, denen es auf diesem Weg begegnet, niederwerfen und entwaffnen bzw. in Gefangenschaft nehmen. Außerdem müssen die Soldaten des Bataillones möglichst rasch vorgehen, um auf jeden Fall noch vor dem Eintreffen der ersten italienischen Truppen der ehemaligen Hochgebirgsfront den Weg endgültig abzuschneiden.

Der Endzweck dieses Unternehmens würde nicht annähernd so problematisch werden, wenn nicht äußerst kampfstarke italienische Verbände den Weg durch die Berge, über die Pässe besetzt hielten. Und eines steht inzwischen fest:

Diese italienischen Soldaten, denen die Württemberger hier gegenüberstehen werden, sind von ungleich höherer Kampfkraft als jene Infanterie Italiens, die im Isonzo-Abschnitt zum Einsatz kam (beispielsweise Neapolitaner). Hier werden die Württemberger nun in und um Longarone auf Italiener treffen, die selbst im Gebirge beheimatet sind, die, von Natur äußerst zäh, sich in den Jahren 1915, 1916 und bis Oktober 1917 eine bedeutende Kampferfahrung an den Brennpunkten der Gebirgsfront holten. Und daß es dort kein Honiglecken war, das beweist, daß den Österreichern der Durchbruch über die Berge ohne Hilfe im Tal nicht gelang ...

Am Vrsic-Paß (oben) und Slatenikgraben mit Mte. Canin (unten), 1917.

Öst.-ung. Stellungen am Rombon (oben). Badische Tragtierkolonne an der Italienfront.

1917: Alpine Stellungen bei Flitsch (oben) und Casa Bonato (Mte. Asalone; unten).

1917: Artillerie-Sturmangriff gegen ital. Stellungen im Flitscher Becken.

adorna (oben: 2. v. r.) und Chaos auf den Straßen nach dem Durchbruch 1917.

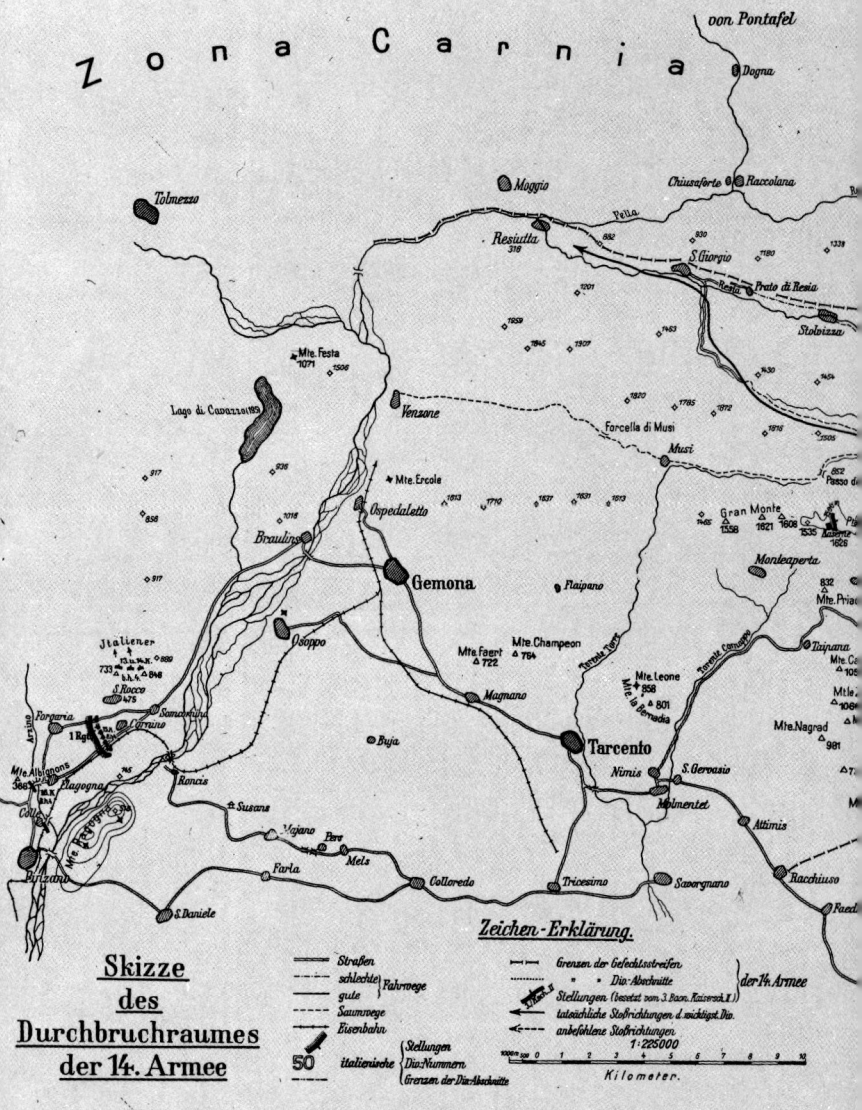

Skizze
des
Durchbruchraumes
der 14. Armee

Zeichen-Erklärung.

Straßen	
schlechte	Fahrwege
gute	
Saumwege	
Eisenbahn	

Stellungen
italienische { Div.-Nummern
Grenzen der Div.-Abschnitte

Grenzen der Gefechtsstreifen
Div.-Abschnitte der 14. Armee
Stellungen (besetzt vom 3.Bayer.Kaisersch.I.I.)
tatsächliche Stoßrichtungen d. wichtigst. Div.
anbefohlene Stoßrichtungen

1:225000

Kilometer.

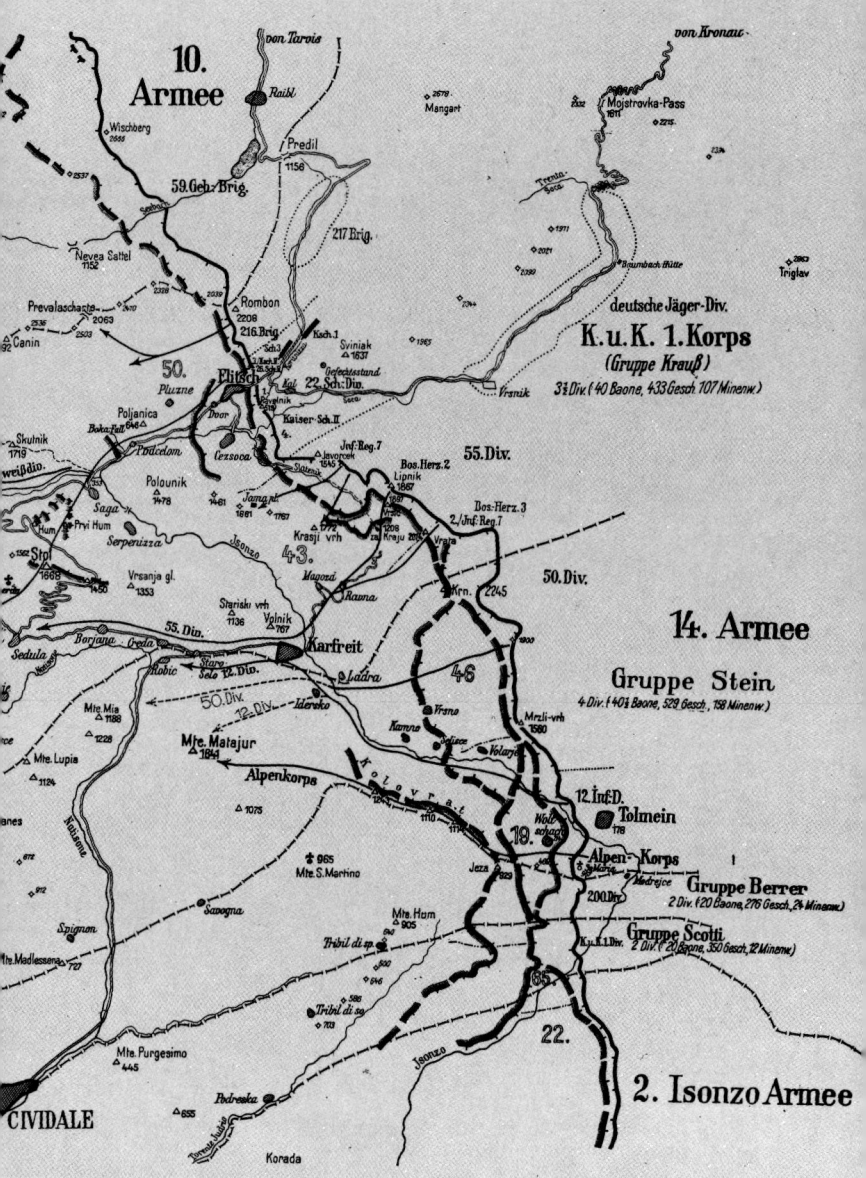

Der Kampfraum der 12. Isonzoschlacht und des Durchbruches von Flitsch–Tolmein mit den Stoßrichtungen der einzelnen Armee-Einheiten.

Offensive 1917: Abend am Tagliamento (oben) und Überquerung desselben (unten).

Die Zange

Während also die Truppen der Verbündeten durch die Tiefebene vorgingen und gleichzeitig flankierende Einheiten in den Gebirgsraum entsandten, stiegen aus den Bergen die Österreicher aus ihren eisigen Stellungen herab und trieben die Italiener vor sich gegen Süden. Dort aber warteten bereits die Kameraden. Die Zange wurde geschlossen.

Und ehe wir den Weg des Württembergischen Gebirgsbataillones nach Longarone verfolgen, sei hier – der besseren Verständlichkeit der Gesamtaktionen der Offensive wegen – der Weg der Österreicher aus den Bergen nachskizziert.

Im Fellatal, zu Füßen der Karnischen Alpen, verlief die italienische Front quer durch das Tal bei Pontebba. In der Nähe liegt Dogna. In nächster Nähe davon ist ein tiefer Einschnitt im Gebirge – der Neveasattel. Stark und in drei Stellungslinien bauten die Italiener den Sattel bis 1917 aus, machten ihn zu einer – fast – uneinnehmbaren Bastion. Am 27. Oktober 1917 aber stießen Soldaten der Armee Krobatin durch den Sattel mit seinen italienischen Stellungen durch. Der Durchbruch gelang allerdings erst nach frontalem Beschuß der italienischen Positionen mit 30,5-cm-Mörser. Am 29. Oktober erreichten die ersten Kompanien bereits Chiusaforte, im Handstreich wurde das benachbarte italienische Festungswerk Polizza genommen.

Dort wo die Fella in den Tagliamento mündet, beherrschten zwei starke italienische Festungswerke den Vormarschraum. Ununterbrochen wurden die Vormarschräume aus den Forts heraus beschossen. Doch erst am 6. November gaben die Italiener in den Festungswerken auf. Der erste Durchbruch aus dem karnischen Raum war geschafft. Inzwischen löste sich auch die italienische Front westlich des Plöckenpasses in den Karnischen Alpen auf. Zuerst zögernd, dann aber sehr schnell, stiegen nun die Soldaten der österr.-ung. Hochgebirgsfront gegen die Täler ab.

Ebenso setzte sich das Auflösen der italienischen Stellungen über die Karnischen Alpen hinweg fort – über den Kreuzbergsattel, quer durch die Dolomiten, über das Massiv der Marmolata hinweg, durch die Region der Fassaner Dolomiten bis zum Rolle-Paß und schließlich noch die Front der Fleimstaler Berge mit sich reißend.

Die wenigen Täler, die aus den Gebirgsräumen herausführen, sollten zur Falle für die nach rückwärts ziehenden Italiener werden: Ehe die Täler in die Tiefebene einmünden, sollten dort bereits die Truppen der Offensivarmeen warten. Der Rückweg war endgültig abgeschnitten. Das Ansetzen und erfolgreiche Schließen der Zange ging als Schulbeispiel der Militärwissenschaft in die Geschichte ein:

»Der Durchbruch durch die dreifache Front in dieser schweren Gebirgsgegend, der das lebendigste und eindrucksvollste Ereignis des Weltkrieges bishin war und in seiner operativen Auswirkung auch die gesamte in zweieinhalb Jahren methodisch immer mehr und mehr verstärkte Isonzofront Cadornas und dessen stark befestigte Hochgebirgsfront an der Kärntner und einem großen Teil der Tiroler Front zerschmetterte, wurde in Summe von 15 Infanterietruppendivisionen vollbracht. Hiervon 7 deutsche und 8 österreichisch-ungarische; 8 davon standen in erster Linie, im allgemeinen zwischen dem Rombon und Selo. Dahinter 4 Infanteriedivisionen als erste Reserve und hinter diesen noch 3 Infanteriedivisionen als weitere Reserve. Sie bildeten die 14. Deutsche Armee, Kommandant war der deutsche General Below, Generalstabschef General Krafft-Delmensingen.

Der Grundgedanke für die ganze Operation war der, mit dieser Stoßgruppe aus der genannten Linie – vornehmlich über Flitsch und Tolmein – über dem Gebirgskomplex von Cividale auf diesen Ort durchzustoßen und womöglich bis an den Tagliamento zu gelangen. Die militärgeographischen Verhältnisse lassen sich kurz folgend charakterisieren: Wenn der erste Gebirgswall genommen und überschritten war, standen die zahlreichen Fluß- und Nebenflußtäler des Natisone und Judrio offen, und die Ebene war erschlossen.

Für diese Stoßrichtung war auch besonders maßgebend, daß im Raume südlich von Selo bis zum Meere über $^3/_5$ von Cadornas gesamtem Heere standen und in dieser Front im Laufe der italienischen Isonzooffensiven ein sehr tief gegliedertes Grabensystem mit allen Einrichtungen moderner Kriegführung und ein ausgedehntes Kommunikationsnetz entstand, hingegen nördlich der Front die Befestigung nicht so stark war. Um dieses nicht so stark aber nicht mißdeuten zu lassen, sei bloß angeführt, daß zum Beispiel allein auf den Hängen des 2208 m hohen Rombons und des 1480 m hohen Polouniks 60 bis 80 flankierende italienische Kavernenbatterien jedem Zerschmetterung drohten, der es wagen wollte, hier vorzugehen...

Ein gelungener Durchstoß aus der Linie Rombon–Selo auf Cividale mußte auch die am Heiligengeistplateau besonders dicht geballten Massen Cadornas zum Abzug bringen und für die Gegner katastrophale Folgen haben, wie sie es im Endeffekt auch erlitten.

War mit diesem Stoß einmal die Ebene erreicht, so ergaben sich weitere Möglichkeiten für die Kärntner Hochgebirgsfront und für die südliche Karstfront ...

In den Weisungen für den Angriff der deutschen 14. Armee bemerkt deren A.O.K.:

›Grundsatz für jede Angriffshandlung im Gebirge ist: Gewinn und Innehalten der Höhenlinien, um auf den Landbrücken zum nächsten Ziel zu gelangen. Vermeintliche Umwege auf den Höhenlinien sind einem Überschreiten von Tälern und tiefen Schluchten vorzuziehen. Dies kostet mehr Zeit und größere Anstrengungen. Die Täler sind zum raschen Nachziehen geschlossener Reserven, der fahrenden Artillerie zu benützen. Jede Höhenkolonne muß freien Auslauf nach vorwärts haben: Dadurch ergeben sich immer Möglichkeiten, einem etwa hängengebliebenen Nachbar durch Einschwenken in den Rücken seines Gegners weiter zu helfen ...‹

... vom 1. November bis zum Schluß der Offensive gewannen die Kämpfe im Gebirge immer mehr an Bedeutung. Zwischen der deutschen 14. Armee (rechter Flügel), der österreichisch-ungarischen 10. Armee und der Tiroler Front spielten sich inzwischen einander korrespondierende ruhmvolle Operationen ab, welche die Gefangennahme ganzer italienischer Verbände zeitigten …

Endlich wurde Cadorna … eine Ententehilfe von 14 Infanteriedivisionen zugeschoben. Der schwierige Raum am Monte Tomba, bis wohin die Tiroler Front vorgedrungen war, wurde von den Franzosen, der Raum zwischen Cornuda und der Montellohöhe von den Engländern besetzt. Cirka 8 englische und französische Infanteriedivisionen standen im Raum zwischen Padua und Vicenza, und zwar, um als Reserve für die Piavefront und Gebirgsfront aber auch um als Bürge für die Aufrechterhaltung der Ruhe weiter rückwärts zu dienen …« (Oberst Hermann Czant, 1926).

So wie der Durchstoß aus den Bergen besonders erfolgreich verlief, in dem Männer wie Rommel und Sproesser die wichtigsten Felsbastionen überrannten, wurde das weitere Vorgehen durch die Ebene bzw. durch das Bergland der Abteilung Rommel erst durch die Bezwingung des Tagliamento möglich gemacht. Diese sei daher ausführlich geschildert.

4 Armeen drängten sich am Fluß, die Überschreitung blieb ihnen jedoch versagt. Andererseits konnte man nicht zuwarten, um dem Gegner keine Zeit zu lassen, das Westufer des Flusses zur Verteidigung einzurichten. Dramatische Szenen spielten sich an den hochgehenden Fluten des Tagliamento ab:

So versuchte zum Beispiel der Generalmajor Prinz Schwarzenberg persönlich die tobenden Wassermassen zu durchqueren. Im letzten Augenblick entging er dem Tod.

Aber einem bosnisch-herzegowinischen Regiment (Nr. 4) unter Hauptmann Redl gelang das, was keinem anderen vergönnt war: Die Bezwingung.

Die Details des Überganges schildert Alfred Krauß wie folgt:

»Am 28. Oktober um 11.30 Uhr nachts erhielt das 4. Bataillon des bosnisch-herzegowinischen Infanterieregiments 4, Hauptmann Redl, ... vom Brigadier, Oberst Graf Zedtwitz, den Befehl:

›Das Bataillon hat am 29. [Oktober; Anm. d. V.] um 4 Uhr früh nach Roncis am Tagliamento abzumarschieren und die Eisenbahnbrücke in die Hand zu nehmen.‹

Um 4 Uhr früh war das Bataillon, noch naß vom Vortage, im Marsch zum Tagliamento. Bei der Annäherung zum Torre erhielt das Bataillon Artilleriefeuer. Am Torre fand es alle Brücken zerstört. Hauptmann Redl und sein Adjutant, Leutnant Lang, suchten eine Furt; sie wurden aber weggeschwemmt. Ein zweiter Versuch gelang. Das Bataillon kam über den Torre. Um 12 Uhr nachts erreichte es Colloredo, dort wurde gerastet. Nachrichtenpatrouillen hatten die Brücken bei Pers vor Zerstörung gerettet, Gefangene gemacht, Tragtiere mit Sprengmunition erbeutet; sie fanden starken Feind.

Am 30. früh war das Bataillon wieder auf dem Marsche. Da kam die Meldung: Bei Majano starker Feind; Monte Ragogna und Höhen bei Susans stark besetzt.

Da Hauptmann Redl ein deutsches Bataillon, das er überholt hatte, im Marsche auf Farla wußte, entschloß er sich, ohne Sicherung links zum Angriff auf die Höhen bei Susans zu schreiten. Zwei Kompanien hatten Majano durchschritten, die anderen zwei waren im Vorgehen durch Majano, als plötzlich aus allen Häusern des Ortes Gewehrfeuer brach. Ein italienisches Panzerauto griff aus Richtung Farla ein. Die beiden vorderen Kompanien erhielten Feuer von zwei Seiten. Rasch entschlossen drangen die tapferen Bosniaken in die Häuser ein.

Ein solcher Kampf war ihr Element. Bald flogen die Italiener aus den Fenstern der oberen Stockwerke heraus. In allen Gassen und Häusern tobte der Kampf. Handgranaten gaben den Unterton und jagten das Panzerauto in die Flucht. Nach kurzer Zeit war der Widerstand der Italiener gebrochen. Etwa 1000 Gefangene standen schön geordnet auf dem Hauptplatz von Majano.

Die 15. und 16. Kompanie waren unbekümmert um den in ihrem Rücken tobenden Kampf ihrer Aufgabe, Angriff Richtung Susans, nachgegangen; sie näherten sich der italienischen Stellung, als eine überaus schneidige deutsche Batterie durch den tobenden Ortskampf hindurch Majano durcheilte, am Westrand abprotzte und das Feuer auf diese Stellung eröffnete. Bald darauf brachen die Bosniaken in die Italiener ein. Diese flohen gegen den Monte Ragogna und zur Eisenbahnbrücke, verfolgt von der 16. Kompanie. Viele Gefangene marschierten zurück. Die 16. Kompanie stürmte mit den Flüchtenden über die Brücke. Aber starkes Feuer, das die Italiener in Freund und Feind sandten, vereitelte das Durchbrechen auf dem kaum einen Meter breiten linken Gehsteig. Die Dunkelheit war bei strömendem Regen früh eingebrochen. 20 Offiziere, 1500 Mann, 31 Maschinengewehre, 20 Maschinenpistolen, 2 Motorgeschütze, 6 Feldgeschütze, Wagen, Pferde, Kraftwagen waren die Beute des tapferen Bataillons. Das ganze Gelände um Susans im Rükken des Bataillons wimmelte von Italienern, so daß sich das Bataillon nach allen Seiten sichern mußte.

Das Streben des Hauptmanns Redl war es, die Zerstörung der Brücke zu hindern und den Sturm über die Brücke durch Überrumpelung bei Nacht doch noch zum Erfolg zu führen. Aber Generalstabshauptmann Freiherr von Tisljar versuchte bei Tag – wohl unter dem Eindruck der Stille und Leere auf der Insel – mit einigen Offizieren und Mannschaften den Sturm, der im Feuer der Italiener zusammenbrach. Als Hauptmann Redl zur Brücke voreilte, war es schon zu spät. Dieser Sturm veranlaßte die Italiener, die zweite Brücke am 1. November gegen 4 Uhr früh zu sprengen. Am Nachmittag des 1. konnte die Insel besetzt werden. Das Bataillon Redl wurde zur wohlverdienten Ruhe und Erholung in Reserve gezogen.

Am 1. November wurde das AOK ungeduldig und befahl, daß der Tagliamento in der Nacht zum 2. November unbedingt überschritten werden müsse. Doch alle Anstrengungen an der ganzen Front von der Fella bis zum Meere blieben auch da vergebens. Am Morgen des 2. lauteten wieder alle Meldungen: Übergang nicht gelungen.

Da regte Oberst Primavesi unser Vorfahren zur Eisenbahnbrücke an. Dort war auf den ersten Blick zu sehen, daß alle Versuche, durch diesen Fluß zu kommen, aussichtslos sein mußten, daß dagegen der einzige Weg über die gesprengte Brücke gehe. Das Mittelfeld der zweiten Brücke lag, an beiden Enden abgesprengt, zwischen den Brückenpfeilern, so daß die breiten Obergurten der Gitterträger etwa in gleicher Höhe mit der stehengebliebenen Brückendecke lagen. Schwindelfreie mußten da hinüber kommen und die Errichtung von Geländern ermöglichen, so daß zwei Stege gewonnen werden konnten. Überdies lag die Brückendecke des gesprengten Feldes etwa einen Meter über Wasser. Indes Primavesi auf die Insel ging, um dort die Lage zu erkunden, eilte der Korpskommandant nach Susans und gab dort dem Divisionär, Generalmajor Prinz Schwarzenberg, den Befehl, die Versuche, durch den Fluß zu gehen, aufzugeben, dagegen den Weg über die gesprengte Brücke zu nehmen. Zum Übergang wurde der Division die gesamte Artillerie, auch die der 50. Division zugewiesen. Der Befehl hierzu wurde sofort zur 50. Division mit Fernspruch gegeben. Der Artilleriebrigadier erhielt Auftrag, festzustellen, wann die ganze Artillerie feuerbereit sein konnte. Nach einiger Zeit meldete er: Um 4 Uhr nachmittag. Darauf gab der Korpskommandant den Befehl, um 4 Uhr Feuereröffnung der Artillerie, um 6 Uhr Infanterieangriff. Die Durchführung wurde in allen Teilen besprochen. Die Artillerie hatte die Straße von Braulins in der Enge bei Sompcornino abzuriegeln, einen Feuerbogen über Cornino und San Rocco zu legen und die Straße und Eisenbahn nach Pinzano zu sperren, ferner die Brückenschanze zuzudecken.

Tatsächlich begann um 4 Uhr nachmittags das Artilleriefeuer. Der Korpskommandant stand bei der Gebirgsartillerie auf der Höhe westlich Schloß Susans. Es war eine Freude zu sehen, wie Schuß auf Schuß dieser genau schießenden Geschütze in die

Schanze traf, indes nach der anderen Seite immer einige Italiener aus der Schanze herausfuhren und das Weite suchten.

Während des Artilleriefeuers bauten die Sappeurkompanie 3/11 und die Baukompanie 8/29 unter der Leitung des Hauptmanns von Barta an beiden Enden des gesprengten Brückenfeldes Leitern ein. Um 6.30 Uhr war die Arbeit beendet; der Übergang begann. Er war vom Divisionär dem bewährten Hauptmann Redl mit seinen tapferen Bosniaken anvertraut worden. Als sich gegen 7 Uhr einige Mann am diesseitigen Ende des feindwärts stehengebliebenen Brückenteiles gesammelt hatten, stürmte Fähnrich Nuic, Handgranaten schleudernd, gegen die Schanze vor. Mann für Mann folgten nun die Bosniaken, jeder sofort in die Schanze vorstürmend. Verzweifelt wehrten sich die Italiener. Doch nach einigem Ringen standen die Verteidiger entwaffnet zur Seite. Die Schanze war erobert – ein Fuß stand am westlichen Flußufer ...«

Der Tagliamento war somit bezwungen, der Fluß wurde in rascher Folge von den Truppen der verbündeten Armeen überschritten.

Die ersten kampfstarken Regimenter, die das Westufer erreichten, gingen entlang des Flußlaufes nach Norden und nach Süden vor. Sie ließen den Italienern aber auch nicht die Spur einer Chance, auf dem Westufer Verteidigungslinien einzurichten oder etwa gar mit Artillerie hinhaltenden Widerstand entgegenzusetzen.

Ja der Vormarsch weiter nach Westen und entlang des Flußufers ging oft so rasch vor sich, daß die italienischen Einheiten in den nur notdürftig zur Verteidigung eingerichteten Stellungen überrascht wurden.

Auch für diesen Teil der Offensive finden Sie in diesem Buch Originalkriegsaufnahmen:

Artillerie der Offensivtruppen schießt gegen italienische Felswandstellungen in der Nähe von Flitsch (Seite 156). Auf den Straßen im Durchbruchgebiet herrschte ein heilloses Durcheinander (Seite 157 unten). Und so sah es am Tagliamento aus, dessen Wassermassen sich in voller Breite daherwälzten (Seite 160).

Rommel greift in den Bergen an

Das Ziel ist schwer, der Weg ist weit, und erneut verlangt die militärische Aufgabenstellung vom Württembergischen Gebirgsbataillon die Erfüllung von Aufgaben des Gebirgskrieges und des infanteristischen Einsatzes zugleich.

Sicher, die Stunden der letzten Tage ließen das Geschehen in der Ebene gegenüber dem, was sich auf Monte Matajur oder auf den steilen Hängen des Kuk abspielte, in den Hintergrund treten.

Der Vormarsch in der Ebene ging rascher und zügiger vonstatten, und auch hier bewahrheitete sich jener Erfahrungswert der ersten Jahre des Krieges, daß der Gebirgssoldat bei den Einsätzen im Flachland fast durchwegs der konventionellen Infanterietruppe – ohne deren Wert schmälern zu wollen – überlegen ist.

Entsprechend den Anforderungen im Gebirge muß an die Ausbildung einer Einheit, die an einer hochalpinen Front eingesetzt werden soll, ein höheres Maß an Härte, körperlicher Robustheit und seelischer Widerstandskraft gelegt werden. Aber auch die geistigen Grundlagen des Gebirgssoldaten müssen mit höheren Maßstäben bewertet werden, als die der Flachlandinfanterie im allgemeinen:

Sehr rasch tritt im Gebirgskrieg der Fall ein, daß kleine Kampfgruppen auf sich allein gestellt operieren müssen. Die Verbindungen nach rückwärts reißen – zum Beispiel unter dem Einfluß schlechten Wetters – ab. Der Kommandant muß allein entscheiden, doch meistens geschieht dies in kameradschaftlicher Zusammenarbeit mit seinen Offizieren. Die Geschichte des Gebirgskrieges gibt uns aber auch genügend Beispiele dafür, daß die Entscheidungen in engster Zusammenarbeit der Offiziere und der Soldaten im Mannschaftsrang fielen.

Im Augenblick des isolierten Vorgehens kleiner Einheiten im Gebirge muß das vollkommene Zusammenspiel von Offizieren und Mannschaften gewährleistet sein. Durch das Ausbleiben des Nachschubs zum Beispiel muß für jeden Beteiligten klar sein, daß mit der nur begrenzt verfügbaren Munition sparsam umgegangen werden soll. Davon hängt nicht nur der Erfolg des Vormarsches, sondern auch das Überleben der Soldaten oder das Entgehen vor dem Schicksal der Gefangenschaft ab.

Mit einem Satz: Nur ein gezielter, von Vernunft und Verstand getragener Einsatz kann im Gebirge Erfolg verheißen.

Bei der Betrachtung der nachfolgend geschilderten Kampfhandlungen Rommels und seiner Männer zeigt sich, daß diese vorher genannten Gesichtspunkte voll verwirklicht wurden.

Der Tagliamento ist bezwungen – die Württemberger zählen zu den ersten Einheiten, die in der Nähe von Cornino am Westufer stehen. Hier stoßen sie auf reiches Kriegsmaterial, das die Italiener auf dem Rückzug im Stiche ließen. Rommel rüstet kleinere Gruppen mit Fahrrädern aus und setzt diese in Marsch gegen das erste Ziel: Meduno. Nach kurzem gehen die Soldaten über diesen Ort hinaus vor und ziehen weiter nach Norden.

Obwohl nur ausgewählte Stoßtrupps des Bataillons

vorangehen – das Gros folgt erst nach –, sind auch diese erfolgreich. Bei Redona werden mehrere hundert Italiener samt Offizieren überwältigt. Die Landschaft wird zusehends gebirgiger, die Täler enger, die Berge höher und unwegsamer. Der Vormarsch findet aber vorerst noch in den Tälern statt. Das inzwischen aufgeschlossene Gros des Bataillons nimmt den Vormarsch über steile Gebirgspfade auf. Wir befinden uns in den Klautaner Alpen, den letzten Bergen am Alpensüdrand in diesem Frontabschnitt.

In der Nacht vom 6. zum 7. November bezieht das Bataillon Biwak – mitten im Feindesland in der Nähe von Pecolat – und schreitet in den Morgenstunden des 7. November zur Besteigung des Klautaner Passes (heute: Passo di Clautana; auch Forcella di Clautana; die ab und an benützte Schreibweise »claudana« ist ebenfalls richtig).

Fast 1000 Höhenmeter sind von Pecolat bis auf die Paßhöhe zu überwinden. Der Marsch nimmt die Truppe – nach den vielen Anstrengungen der Offensive – mit. Ehe die Männer die Paßhöhe erreichen (1440 m), setzen die Italiener zum Angriff an: Gezieltes Gewehrfeuer, starker Beschuß von mehreren MG überschüttet die Württemberger. Wie in einer Mausefalle sitzen die Soldaten unter der Paßhöhe fest. Die Italiener halten in mehreren Stellungslinien die Paßhöhe selbst, haben aber auch die steilen Berghänge beidseits des Passes mit zahlreichen Feldwachen, Stellungen und mehreren MG-Nestern besetzt. Aus ihren überhöhten Positionen können sie jeden Angreifer schwer bedrängen.

174

Die Württemberger teilen sich nun in zwei Gruppen. Die eine Gruppe bezieht nördlich des Klautaner Passes Deckung, die andere Gruppe soll den Paß durch ein Seitental umgehen und von Süden her aufrollen.

Inzwischen unternommene direkte Umgehungsversuche im näheren Paßbereich durch das Massiv des Monte Rosselan scheiterten in den unüberwindlichen Felswänden dieses Berges. Nahezu zwei Drittel des Tages schleichen die Soldaten der Umgehungsgruppe durch unwegsames, felsiges und teilweise sehr alpines Gelände. Die schweren MG drücken hart auf den gebeugten Rücken der Männer – der Schweiß rinnt in die Augen – jeder Muskel schmerzt – in einem Gelände, das bereits an den zivilen Bergsteiger beachtliche Anforderungen stellt ... Kurz bevor das Licht des Tages vergeht, haben sie den Paß südöstlich umgangen und stehen nun in schneebedecktem Gelände. Rommel unternimmt – während die Truppe rastet – einen Erkundungsvorstoß, er plant einen Angriff in der Nacht.

Lautlos schleicht er mit seinen Kameraden durch die schneebedeckten Kare, immer näher, immer mehr gefährdet, an den Feind heran. Von diesem unbemerkt entdeckt Rommel geeignete Ausgangspositionen, um die Italiener anzugreifen.

Doch das schwerste Unternehmen sollte nun erst folgen – lautlose Rückkehr zu den Kameraden und Vormarsch in den Angriffsraum mit allem Gepäck und Maschinengewehren bis knapp an die italienischen Stellungen.

Stundenlang muß nun das Gros der Soldaten in absoluter Lautlosigkeit vorgehen, die Maschinengewehrstellungen einrichten und dann im geeigneten Zeitpunkt losbrechen.

»Um 24 Uhr sollen alle MG der MGK [Maschinengewehrkompanien; Anm. d. V.] zwei Minuten lang den Feind in der Paßscharte niederhalten und dann auf den Gegner beiderseits der Scharte überschwenken. Die 1. und 3. Kompanie sollen rechts und links der zum Paß führenden Rinne sofort bei der Feuereröffnung der s.MG zum Sturme antreten und mit Handgranate und Bajonett den Paß nehmen« (Rommel: »Infanterie greift an«).

Um Punkt Mitternacht setzt das MG-Feuer gegen die italienischen Truppen am Paß ein. Gleichzeitig hätten die Sturmkompanien der Württemberger vorgehen sollen bis auf Sprungweite an die italienischen Positionen. Die Koordination von MG-Feuerschutz und Sturmtruppvorgehen hatte aber nicht geklappt. Nach dem Verstummen des MG-Feuers sind die Sturmtrupps beileibe noch nicht vor den italienischen Stellungen: Es kommt infolgedessen zu einem blutigen Handgranaten- und Nahkampf, den die Italiener für sich entscheiden können. Rommel muß seine Leute zurückziehen und – hier zeigt sich sein Verantwortungsbewußtsein – auf einen zweiten Angriff verzichten. Im Schnee, im Eis kehren die Angreifer nach Pecolat zurück.

Völlig ausgepumpt und erschöpft nächtigen die Männer des Bataillons im Freien, Pecolat quillt vor Truppen über.

In den ersten Stunden des neuen Tages wird den todmüden Soldaten mitgeteilt, daß die Italiener sämtliche Stellungen auf der Paßhöhe und auf den Bergen rundum geräumt haben. Die Abteilung Rommel und die Württemberger erhalten den Befehl, weiter in Richtung Klaut (heute Claut) die Italiener zu verfolgen.

Dazu möchte ich Ihnen eine interessante Feldakte nicht vorenthalten: die K. k. 22. Schützendivision vermerkte unter dem Aktenzeichen Op. 439./1., vom 8. November 1917, 1–3 Uhr vormittag, folgendes:

»Forc Clautana durch 2 Res. Baone und 2 Sturm. Komp. mit zahlreichen MG. zäh verteidigt, die durch den Anschluß an steilaufragende Felsen als undurchbrechbar bezeichnet werden muß.

2 vorzügliche Baone, darunter die Württemberger, haben Alles vergebens versucht und sind bereits einigermaßen abgekämpft; ganze Nacht tobt der Kampf.

Tiefgegliederter Inf. Angriff kann durch den befestigten Paß nicht geführt werden. Geb. Art. wirkt durch Überhöhung des Passes um 500 m und Mun.-Mangel unzureichend. Fahrende Art. kann nicht herangebracht werden.

Aus dem Trt. Silisia-Tal Umgehung nicht möglich – 8. 11. wird solche über Forc. Giaveid und Richtung Cra Col Cavassa versucht.

Da dieser Weg den Fd. bekannt und teilweise eingesehen, wenig Erfolg versprechend. Ähnlich diesen dürften die Verhältnisse im Tal der Trt. Meduno bei Forc. Caserata sein.

43. Sch.Brig. konnte der Grup. Hordt den Weg nicht öffnen, die ihrerseits vollkommen lahm sein dürfte, da durch Masse der Paß nicht genommen werden kann.

Besondere Bedeutung kommt dem Vorstoß Barcis, Il Porto zu, wenn er mit ausreichender Kraft geführt wird.

Aber selbst nach Gewinnung von Il Porto werden sich die selben Verhältnisse bei S. Oswaldo westl. Cimolais wiederholen.

Die Verwendung der Hochgebirgs.Komp. die erst herangebracht werden müssen, erfordert einige Tage. Tal der Silisia völlig ressourgenlos. Leben vom Lande ausgeschlossen.

Zuschub von der Ebene, mangels Transportmittel und allein zugewiesenen Raumes zur Ausnützung, nicht organisiert.

E.Div. u. 54. Gebs.Brig. nützen die wenigen Ressourgen des Tales aus.

3. Brig. der Grup. Hordt u. 43. Sch.Brig. sind in den nächsten Tagen im Tale der Silisia festgelegt. Da Gm. v. Wieden älter ist, wird er das Kmdo. über die Truppen im Silisiatale übernehmen.«

Nun, auch wenn in der offiziellen Kriegsliteratur immer nur von einem sehr raschen und zügigen Vormarsch berichtet wird – und weniger von den Leiden und Mühen der Truppe –, so zeigen gerade Akten, Tagebücher und persönliche Berichte, wie elend oft die Lage der Soldaten war.

In der gleichen Zeit, da die Württemberger gegen den Klautaner Paß vorgingen, mühten sich auch die Tiroler Kaiserschützen in diesem gebirgigen Frontabschnitt – um den Passo Cavallo. Wie hochwinterlich die Pässe in diesen frühen Novembertagen waren, das zeigt Ihnen in diesem Buch eine Originalaufnahme

(Seite 196) 1917 vom Übergang der Tiroler über den Passo Cavallo, gleichsam in nächster Nähe zum ebenso verschneiten Klautaner Paß. Dieses Bild ist übrigens das einzige Originalfoto, das mir in vieljähriger Arbeit in die Hände gelangte.

Ein Kaiserschütze, dessen Name längst im Dunkel der Geschichte verweht ist, hat uns einen authentischen Bericht über die damalige hochwinterliche Lage in den Klautaner Alpen hinterlassen:

»Eisig kalt pfiff der Wind über die Almen, brach durch Zeltblätter und Decken und schüttelte die Leute, die vor Kälte keinen Schlaf finden konnten und nur vor Erschöpfung hie und da auf ein paar Minuten einnickten ... Am Morgen lag der Schnee zwar überall fast einen Viertelmeter hoch, aber ein klarer Tag schien von den Bergen herüber; nur ganz leises Schneegestöber warf seine Flocken auf die Kaiserschützen, die sich zur Paßhöhe des Cavallo hinaufarbeiteten. Über 1850 Meter hoch ist der Paß. Stundenlang dauerte der Weg, denn Schritt für Schritt mußte erst im Neuschnee ausgetreten werden, der immer tiefer ward, je höher die Kolonne kam ...«

Genauso hochwinterlich war es für die Württemberger am Klautaner Paß, den sie, wie wir vorher hörten, glücklicherweise letzten Endes doch noch ohne Entscheidungsgefecht überwinden konnten.

Der Weg ging weiter über Klaut nach Cimolais, bereits sehr nahe im Osten von Longarone gelegen, das Tor zum Vajont-Tal, der letzten Pforte gegen den Talkessel von Longarone.

Am 8. November zieht das Württembergische Gebirgsbataillon weiter nach Westen, und die einzelnen

Gruppen des Bataillons vereinigen sich wieder bei Klaut. Ohne Unterbrechung geht der Marsch der schwerbeladenen Soldaten weiter in Richtung Cimolais. Immer enger, düsterer wird die Gebirgsszenerie. Die Berge rechts und links des Tales gleichen unbezwingbaren Felsmauern. Zu ihren Füßen schleppt sich die endlose Kolonne nicht nur der Württemberger, sondern auch österreichisch-ungarischer Truppen dahin.

»Es dunkelt bereits, als wir das Ostufer des Torrente Celina dicht ostwärts Cimolais erreichten. Das mehrere 100 m breite Kiesbett ist nahezu trocken. Der Feind scheint in Richtung Longarone weiter gerückt zu sein, die Ortschaft Cimolais scheint nicht besetzt ... kein Schuß fällt. Hernach reiten Leutnant Streicher und ich in Cimolais ein. Der Ortsvorsteher begrüßt uns mit ausgesuchter Höflichkeit. Es sei für die deutschen Truppen schon alles vorbereitet, den Schlüssel für das Gemeindehaus will er mir gleich in die Hand drücken. Ob wir trauen können? Hat nicht der Feind vielleicht doch einen Hinterhalt gelegt? ... die Unterkunft ist gut, die Verpflegung reichlich. Nach den ungeheueren Leistungen, die hinter den Schützen der Abteilung Rommel liegen, 32 Stunden ununterbrochener Kampf bzw. auf dem Marsch ohne längere Rast, müssen einige Stunden Schlaf die Schützen wieder voll kampfkräftig machen. Wer weiß, was uns in dem nur noch 10 km entfernten Piavetal bevorsteht?« (Rommel: »Infanterie greift an«).

Cimolais war also bereits vom Feinde tatsächlich geräumt und konnte den völlig erschöpften Soldaten eine kurze Ruhepause bieten. Allein, der Reigen des

Krieges kennt kein Erbarmen, er fragt nicht nach dem Zustand der Menschen, er drückt allen Beteiligten unbarmherzig seine Gesetze auf. Und diese lauteten für das Württembergische Gebirgsbataillon: Weiter, nichts als weiter und so rasch es geht nach Longarone!

Und hinter Cimolais im Westen sitzt der Gegner, warten die Italiener – denn noch immer rechnet sich Italien Chancen aus, die Offensive auf die Ebene zu beschränken und wenigstens das Aufrollen der hochalpinen Front verhindern zu können. Also Kampf bis zum letzten. Am 9. November rückt Rommel gegen Westen vor. Die Vorhuten der Württemberger gelangen ohne Feindberührung voran, als schlagartig und unvermutet starkes feindliches Feuer aufgellt. Im Nu versuchen die Männer Deckung zu erreichen, und diese bietet sich ausschließlich in einer kleinen Kapelle. Und dort, wo noch vor wenigen Jahren der Wanderer oder Einheimische zu kurzer Besinnung einkehrte, kauern nun die Württemberger und werden erbittert in dieser kleinen christlichen Zufluchtsstätte beschossen.

Der Ausbruch aus dieser Falle gelingt nur dadurch, indem die Soldaten einzeln, rennend und hakenschlagend im feindlichen Beschuß, nach Cimolais zurückhastend um ihr Leben rennen.

Die Württemberger sind also wieder dort, wo sie in den ersten Morgenstunden aufgebrochen waren: in Cimolais! Der Blick in die Richtung ihres geplanten Vormarsches ist begrenzt durch die sanft ansteigenden Hänge der Straße in Richtung Erto, rechts und links dieser engen Klause ragen die drohend aussehenden Felswände des Monte Cornetto und des

Monte Lodina auf. In den Wänden, auf den Hängen darunter, im Unterholz verborgen sitzen die Italiener in der Stärke mehrerer Kompanien, unterstützt von MG-Nestern.

Die Umgehung der italienischen Positionen wäre nur möglich durch Umgehung beider Berge – des Monte Cornetto und des Monte Lodina. Aber würde dies – abgesehen vom nicht tragbaren Zeitaufwand – überhaupt eine Entlastung bringen? Wäre dies nicht bloß mit einem gewissen Zeitaufschub verbunden?

Rommel beschließt daher, den vorher abgebrochenen Angriff erneut aufzunehmen. Allerdings unter Zugrundelegung völlig geänderter Angriffspositionen: Der immer wache und lebendige Verstand des jungen Offiziers erkannte, daß die Italiener wohl die beherrschenden Positionen an den überhöhten Berghängen beider Gipfel besetzten – sein taktischer Instinkt zeigte ihm aber auch – beim Blick vom Kirchturm von Cimolais aus –, daß die Italiener vergaßen, eine Hügelkuppe westlich von Cimolais in ihre Verteidigungspläne einzubeziehen. Von dieser Kuppe aus würde es möglich sein, mit eigenem MG-Feuer zumindest einen Teil der in nächster Nähe der Straße gelegenen italienischen Stellungen zu bedecken. Inzwischen könnten eigene Sturmtruppen bis dicht an den Feind – bereit zum Nahkampf – aufrücken.

Gleichzeitig sollten weitere Kompanien der Württemberger an den Hängen gegen die Italiener vorgehen. Als Folge dieser Überlegungen wird daher die vorher erwähnte Hügelkuppe mit MG-Positionen besetzt.

Der Angriff beginnt, die Italiener werden in ihren

Stellungen von gutsitzendem MG-Feuer überdeckt. Aufgrund der großen Entfernung erleiden sie zwar kaum Verluste, müssen aber dennoch untätig in ihren Stellungen Schutz suchen. Rommel hat ihnen die Initiative genommen. Aufgrund dieses ersten Erfolges greifen nun die Soldaten der ersten Maschinengewehrkompanie in das Geschehen ein und stürmen gegen die Italiener an.

»Jetzt ist die Cornettobesatzung so gut wie ausgeschaltet« (Rommel).

In diesem Augenblick greifen nun die deutschen Soldaten – rechts und links der Straße flankierend vorgehend – in das Geschehen ein.

Rommel setzt seine Kameraden in der für ihn typischen Zangenbewegung ein: Während die Flanken-Stoßtrupps die Italiener beidseitig fassen, ist zusätzlich noch ein inzwischen in Stellung gebrachtes MG wirksam geworden. Dieser Macht können sich die Italiener nicht entziehen, sie versuchen auszubrechen, fallen im MG-Feuer. Und jetzt sind die ersten Württemberger auf Sprungdistanz an die vorderste italienische Linie herangekommen. Im Nahkampf und im Ringen in der Stellung der Italiener entscheiden sie wieder einmal mehr das Schicksal des Vormarsches durch die Berge. Nur wenige Italiener können in Richtung Westen entfliehen, doch auch das wird ihnen nicht helfen, denn der Vormarsch des Württembergischen Gebirgsbataillons in den nächsten Tagen sollte auch ihr Schicksal besiegeln.

Rückblickend können wir sagen, daß Rommel binnen weniger Tage vom Tagliamento in das Herz der italienischen Gebirgsstellungen eingedrungen ist:

Meduno, Redona, Klaut, Cimolais waren die Stationen des Weges. Jeweils wohlvorbereitet durch Spähtrupps vor dem Gros der Truppe – im Gefecht siegreich durch eiskaltes und beherrschtes Taktieren. Die Ausnützung des Geländes, kombiniert mit Umgehungsmanövern und Angriffen von überhöhenden Positionen aus brachte jeweils den Erfolg. Rommel ließ sich auch nicht durch Fehlschläge, wie am Klautaner Paß oder westlich von Cimolais, entmutigen.

Im Gegenteil: Er zog unter Vermeidung eigener Verluste und Schonung des Lebens seiner Kameraden diese in die Ausgangspositionen zurück und legte den nachfolgenden neuerlichen Angriffen eine jeweils grundlegend geänderte Taktik zugrunde.

Dies alles hört sich hier sehr einfach an, war es aber nicht. Die Entscheidungen mußten oft in Sekundenschnelle gefällt werden, nur selten konnte man dafür längere Zeiträume von zum Beispiel 1–2 Stunden aufwenden.

Der Angriff gegen den Klautaner Paß war, ebenso wie der erste Durchbruchsversuch westlich von Cimolais, die einzige fehlgeschlagene Angriffsaktion, die Rommel während des Vormarsches von Flitsch bis zum Monte Grappa befehligte. Allerdings waren diese Fehlschläge zeitlich und räumlich sehr eng begrenzt und wurden von Rommel unverzüglich darauf durch größte Erfolge mehr als wettgemacht: Gleichzeitig verfolgte er mit größter Konsequenz den Leitfaden und Hauptauftrag der den Württembergern aufgetragenen Ziele – raschester Durchbruch nach Longarone und Fassen der von der Gebirgsfront rückflutenden Italiener ...

Der Kampf um die Vajontschlucht

Der Vormarsch gegen das nächste Ziel – Erto – gestaltet sich zum Wettlauf gegen die Zeit: Die hier in wilder Panik zurückeilenden Italiener müssen überwältigt werden ehe sie nochmals in der Vajontschlucht den Vormarsch Rommels behindern können. Für die Württemberger gibt es keine Ruhepause. Weit auseinandergezogen, an der Spitze Radfahrer und Berittene, verfolgen sie den Feind. Schon weitet sich der Blick auf den Kessel von Erto. Hier treten die Berge zurück – zu ihren Füßen zahlreiche Gruppen versprengter, fliehender Italiener. Diese werden vom Vormarsch der Württemberger überrollt und ergeben sich. Erto selbst wird rasend schnell durchschritten, und schon geht es weiter gegen die enge und wilde Schlucht des Vajonttales. Longarone, das ersehnte Ziel, liegt zum Greifen nahe vor den Männern Rommels. Nur wenige Kilometer lang ist diese Schlucht.

»Die Straße führt, in 200–300 Meter hohe senkrechte Felswände eingesprengt, zunächst auf der Nordseite. Die Mitte der Schlucht überspannt eine 40 Meter lange Brücke 150 Meter über dem rauschenden Gebirgsbach. Von dieser Brücke ab verläuft die Straße auf der Südseite der Schlucht. Verschiedene Seitenschluchten sind überbrückt. Häufig führt die Straße durch längere Tunnels. Eine Sprengung an geeigneter Stelle würde genügen, um den Weg nach Longarone für Tage zu sperren. Ja, ein MG, am Eingang eines Tunnels aufgebaut, könnte uns hier schon lange aufhalten. Aus der Karte wäre das alles zu ersehen gewesen, jedoch zu ihrer gründlichen Prüfung hatte ich

bisher keine Zeit.« (Rommel: »Infanterie greift an«.)
Dieses Zitat unterstreicht den unerhörten Zeitdruck,
dem die angreifenden Soldaten ausgesetzt waren –
für eine Planung des Angriffes mit Hilfe üblicher
Grundlagen blieb fast nie Zeit. Rommel bedient sich
aller ihm zur Verfügung stehenden Mittel: Nun machen sich die Fahrräder wieder bezahlt. Die Straße
führt bergab, die Soldaten auf den Fahrrädern sind allen anderen überlegen. Die Berittenen folgen als nächste nach. Das Gros der Gruppe schleppt mühsam weit
zurück die schweren Lasten der Maschinengewehre.

Die Ereignisse spitzen sich auf höchst dramatische
Weise zu: Plötzlich donnert eine Explosion vor Rommel auf! Eine jener Seitenbrücken wurde von den Italienern gesprengt, allein die rasend bergab fahrenden
Radfahrer konnten die Brücke noch vorher überqueren.
Die nachfolgenden Württemberger können aber über
die Reste der gesprengten Brücke hangabwärts und
hangaufwärts das jenseitige Straßenstück erreichen.

Doch der Angelpunkt des Unternehmens lag noch
vor den Männern:

»Wieder liegt eine Brücke vor uns; mit ihren 40 Metern Spannung und ihrer Höhe von 150 Meter über den
wilden Wassern ist sie die höchste Brücke Italiens.
Auf beiden Seiten sehen wir deutlich die Sprengladungen in tiefen, viereckigen Löchern mitten auf der
Fahrbahn. Ob die Ladungen schon gezündet sind? Der
Feind jenseits der Brücke stellt das Feuergefecht ein
und läßt sich am Tunneleingang nicht mehr sehen.
Ob er wohl zurückgegangen ist? – fliegt die Brücke vor
uns in die Luft, dann kann es Tage dauern, bis wir das
so nahe Piavetal erreichen.

Es muß jetzt rasch zugegriffen werden. Dem Unteroffizier Brückner, der 2. Kompanie, den ich als besonders wagemutigen, beherzten Soldaten kenne, gebe ich den Befehl: ›Nehmen Sie ein Beil, springen Sie über die Brücke, schlagen Sie jenseits sämtliche Drahtleitungen durch, die auf die Brücke zuführen. Sobald dies geschehen, kommen wir alle geschlossen nach und reißen unterwegs die Zündschnüre heraus.‹

Da mehrere tiefhängende Kabel auf die Brücke zuführen, fürchte ich eine elektrische Sprengung der Brücke. – Der vortreffliche Unteroffizier Brückner führt den Befehl sofort aus. Als das letzte Kabel fällt, springe ich mit den Radfahrern nach, unterwegs die Zündschnüre aus den Sprengladungen herausreißend. Die Brücke ist damit unversehrt in unserer Hand.« (Rommel: »Infanterie greift an«)

Die Entscheidung fiel durch das Überwinden dieser Brücke, die die Vajontschlucht überspannte. Der Rubikon war überschritten – der Weg nach Longarone bezwungen. Rommel eilt mit wenigen Männern voraus und steht kurz nach Überwindung der Brücke am Ausgang dieser schicksalsträchtigen Hochgebirgsschlucht.

Wer denkt heute daran, wenn er in Longarone ist oder wenn Geographen und Wissenschaftler den Vajont-See besichtigen, daß vor fast 60 Jahren sich hier Schicksale, Dramen abspielten? Wer denkt daran, daß hier der spätere »Wüstenfuchs« Unerhörtes vollbrachte?

Ja allein schon die Äußerung, daß hier in dieser unerhört wilden Felsszenerie Württemberger dem Schicksal in die Speichen des Rades griffen – allein diese Äußerung würde schon Kopfschütteln hervorrufen ...

In der Kriegsberichterstattung der Menschheit, in den Akten, in den Tagebüchern, in den Berichten der Soldaten zählt jener Augenblick zu den größten Momenten im Leben eines Soldaten, da man dem Feind zum Greifen nahe stand. Was mag wohl Rommel mit seinen wenigen Gefährten empfunden haben, als diese kleine Gruppe von Männern hoch über Longarone in den Felswänden stand, als die unter ihnen zum Greifen nahen Italiener im Talboden sich sammelten – als mit einem Wort der militärische und auch menschliche Lohn eines nie endenwollenden Vormarsches vor ihnen lag?!

Schicksal Longarone

Was geschah inzwischen an der Hochgebirgsfront? Hier ging es wie ein Ruf von Stellung zu Stellung der österreichisch-ungarischen Gebirgssoldaten: »Sieg, Sieg, hallte es wie ein unsichtbares Band von Feldwache zu Feldwache, von Schützengraben zu Schützengraben.« Seit den ersten Stunden des Krieges im Mai 1915 hielten die Männer diesen arktisch-eisigen Frontverlauf. Zwei Winter mußten sie bereits überstehen, im Donnern der Lawinen, unter dem Rauschen feindlicher Granaten, angesichts der Nahkämpfe des Gegners – angesichts bitterer Not und grenzenloser Einsamkeit ...

Wochenlang schneite es, jedes Leben erstickte im Schnee, wie Menschen auf einem anderen Stern mußten sie ausharren. Jede Verbindung in die Täler war unterbrochen, keine Nachricht drang hinauf in die Höhen. Die in dieser Zeit verstorbenen Kameraden waren die einzigen Gefährten – außer den wenigen Lebenden. Auf Rufweite oft gegenüber lagen die Italiener: Alpini, Bersaglieri, Söhne Italiens – genauso wie die »anderen« Söhne Österreich-Ungarns waren. In diesen Zeiten der Not hielt nur ein Wille die Soldaten hüben wie drüben aufrecht: Wenn wir aufgeben, so bricht die Front zusammen. Es bedurfte keiner Worte, keiner Aufrufe, keiner heroischen Pamphlete. Jeder wußte, was er zu tun hatte.

Vom Mai 1915 bis zu jenen Tagen des Novembers 1917 lagen sie sich gegenüber, und jeder von ihnen dachte mit Grauen an den dritten Kriegswinter, den er in Höhen zwischen 2000 und 4000 Metern verbringen sollte. Die Männer erinnerten sich an den letzten Kriegswinter 1916/17, wo in einer einzigen Nacht 6000 Soldaten beidseits der Front durch den weißen Tod hingerafft wurden. Sie erinnerten sich daran, daß zur gleichen Zeit des Vorjahres 1916 bereits vier Meter Neuschnee in den Höhenstellungen lagen und wenige Wochen später, in den ersten Dezembertagen, durchschnittlich 12–20 Meter Neuschnee ...

Der Winter 1916/17 im Hochgebirge zählte zu den fürchterlichsten des Krieges und heute, aufgrund vergleichbarer jahrzehntelanger meteorologischer Daten, zu den schrecklichsten dieses Jahrhunderts ... So brauchen wir uns nicht zu wundern, wenn Freund wie Feind unter dem Eindruck der Offensive in Oberitalien ausschließlich von Erleichterung erfaßt wurden. Die einen, weil sie nun hoffen konnten, Italien endgültig zu besiegen – die anderen, weil sie seit langem wieder den Glauben an eine Rückkehr zu den Ihrigen in sich trugen. Auch wenn dies mit einem Verlieren des Krieges verbunden gewesen wäre, das Grauen des hochalpinen Überlebens ließ sie dies alles gerne in Kauf nehmen.

So war es nur zu verständlich, daß die Österreicher mit neuem Elan von den Bergen in die Täler durchbrachen und daß die Italiener nicht ungerne wichen ...

Denn die isolierte Situation an der Hochgebirgsfront vermeldete ausschließlich, daß Italien geschlagen sei. Die einen freuten sich, die anderen fanden sich damit ab, letztere wollten möglichst rasch – ohne Gefangennahme – heimatliche Gefilde erreichen. In den Tälern aber erfuhren die rückflutenden italienischen Truppen, daß der Krieg noch lange nicht entschieden sei. Von einem Aufgeben Italiens war beileibe nicht die Rede. Neuer Widerstandsgeist formierte sich, die Truppen Italiens sammelten sich erneut und leisteten ausgedehnten Widerstand in den Tälern, die aus den Bergen in die Ebene führten.

Die Situation aber war verzweifelt: Hinter ihnen drängten die Gegner der vor kurzem aufgegebenen hochalpinen Front nach – vor ihnen im Süden lag das Ungewisse. Erreichen wir Italien im Tiefland noch ohne Gefangennahme, können wir uns noch mit den Truppen in Friaul/Venetien vereinigen, gelingt uns die Flucht? Oder erwartet uns der Gegner in den engen Tälern ...

Niemand wußte mehr, wie sehr der Erfolg der Offensive jegliches Wunschdenken der italienischen Einheiten zunichte machte. Und das war die Situation für Freund und Feind in Longarone: Die einen strömten zu Tal, die anderen versuchten diese abzufangen. Auf der Seite der verbündeten Truppen Österreich-Ungarns und des Deutschen Reiches entschied eine Handvoll beherzter Männer das Geschehen der Offensive. Ihrem schnellen Zugreifen war es zu verdanken, daß die besttrainierten und extrem kampfstarken italienischen Regimenter nicht noch im letzten Augenblick der großen Offensive entscheidend eingreifen konnten.

In den Talkesseln des südlichen Alpenrandes zwischen den Julischen Alpen und der Dolomiten ereigneten sich archaisch anmutende Schicksalsstunden. In ungeheurer Zahl drängten sich die Italiener in den engen Kesseln und Becken, von den Angreifern war erst die Vorhut eingelangt, das Gros drängte nach.

Schnelle Entscheidungen, schnelle Entschlüsse, schnelles Handeln war das Gebot der Stunde. Eine Situation, die Rommel auf den Leib geschneidert war.

»Uns Gebirgsschützen zerspringt das Herz schier vor Freude. Die drüben dürfen nicht mehr zurückkommen, das steht fest ... wir halten das Feuer an einer Stelle zusammen, an der ein Ausweichen für den Gegner unmöglich ist: Rechts Felswand, links Piave!« (Rommel: »Infanterie greift an«)

Die Ereignisse überstürzten sich, verzweifelt versuchten beide Seiten das Ziel zu erreichen. Der Kampf um Longarone wurde zum Mittelpunkt des Geschehens, er leitete erst den endgültigen Siegeszug der verbündeten Armeen bis zum Piave ein.

Doch so rasch gaben sich die Italiener nicht geschlagen. Blutig und erbittert wurde bis zum letzten Augenblick gekämpft, und nach vielen Stunden erst war alles entschieden:

Gefangennahme für die Italiener – Sieg und Vormarsch für die Offensivtruppen. Diese wurden angeführt in Longarone und um Longarone von Rommel und seinen Kameraden!

Ein Sensationsfoto! Artilleriebeschuß am Piave 1917.

Otto Kroutil (links oben), im Bild rechts oben (links) und ital. Geschütz-Lafette (unten).

Der frühe Wintereinbruch machte den Soldaten beiderseits sehr zu schaffen (1917).

November 1917: Vormarsch über P. di Cavallo (bei Barcis) in tiefem Schnee.

Longarone wird bezwungen

Mit wenigen Württembergern, eben mit jenem kleinen Häuflein, das mit Rommel durch die Vajontschlucht voraneilte, wird der Kampf gegen die in Longarone sich sammelnden Italiener aufgenommen.
Man hofft durch gezieltes Feuer die Italiener so lange
aufhalten zu können, bis das Gros des Württembergischen Gebirgsbataillons und der diesen nachfolgenden österreichisch-ungarischen Einheiten aufge-
schlossen haben. Die Italiener beschießen den Ausgang der Vajontschlucht und die Trassenführung der
Straße, die aus der Schlucht nach Longarone führt. Allerdings finden sie hier keinen Feind, denn die Württemberger verharren vorerst gut gedeckt in dichtem
Unterholz. Im Bereich der Ortschaften Longarone,
Dogna, Pirago, Fae entwickelt sich das Gefecht der
deutschen Truppen gegen die allseits nach Süden flu-
tenden Italiener in voller Breite.

Der Abteilung Rommel gelingt es, Italiener in den
Felswänden zu stellen: Und auch hier zeigt sich das
hohe Verantwortungsbewußtsein Rommels gegenüber dem menschlichen Leben – die Italiener wähnten
sich in den Felswänden unentdeckt. Durch sofortigen
Beschuß von seiten der Württemberger wären sie hilf-
und wehrlos aus den Wänden zu Tode gestürzt. Rommel befiehlt Feuerstopp und fordert die Italiener zur
Übergabe auf. Diese erkennen die aussichtslose Situation und ergeben sich.

Hier muß einmal betont werden, daß dieses Verhalten Rommels nicht unbedingt menschliche Norm an
der Italienfront war. Die Akten wissen von genügend

Kampfhandlungen zu berichten, wo in ganz ähnlichen Situationen der Gegner rücksichtslos beschossen wurde und den Soldaten keinerlei Chance zum Überleben blieb.

Doch noch immer wird die Hauptmasse der Württemberger am Ausgang der Vajontschlucht durch italienisches MG-Feuer, inzwischen verstärkt noch durch Artilleriefeuer, festgehalten. Nur langsam können sie aus der Schlucht vordringen. Die italienische Beschießung löst sehr gefährlichen Steinschlag mit nachfolgender Splitterwirkung aus. Durch den Beschuß direkt sind die Soldaten weniger gefährdet.

Der Kampf wird zusehends erbitterter und auch verlustreicher. Nach wie vor ziehen nie endende Kolonnen italienischer Einheiten auf dem Westufer des Piave ungehindert nach Süden.

Hier muß etwas geschehen, Rommel setzt eine Kompanie der Württemberger in Bewegung: Durch die steilen Felswände und durch das dichte Unterholz klettern die Soldaten talabwärts nach Dogna. Die letzte Wegstrecke – bereits im Talboden – müssen sie im Laufschritt eilend, ohne jede Deckungsmöglichkeit, zurücklegen. Offen sind sie dem italienischen Feuer preisgegeben. Und der Italiener schießt mit allem was er hat, auf jeden einzelnen Mann der sich bewegt ... Erst im Schatten der ersten Häuser von Dogna finden die Württemberger wieder Deckung. Doch das schwierigste Unternehmen lag noch vor den Soldaten der 1. Kompanie – das Durchschreiten des Piavebettes. Auch hier wiederum bietet sich nicht die geringste Deckungsmöglichkeit; schutzlos preisgegeben müssen die Württemberger mitten im Flußbett das

Unternehmen abbrechen. Man zieht sich wieder nach Dogna zurück.

In Dogna wird nun der Gefechtsstand eingerichtet. Rommel beschließt dem nächsten Überquerungsversuch des Piave eine geänderte Taktik zugrunde zu legen. Wieder verfolgt er die Prinzipien kleiner Angriffstruppen und versucht wiederum mit Umgehungsmanövern zum Ziele zu gelangen. Und dieses Ziel heißt nach wie vor Eroberung des Westufers des Piave und Abfangen der italienischen Einheiten. Fünf Spähtrupps sollen stark aufgelockert an den verschiedensten Stellen das Flußbett des Piave (700–800 m breit) überqueren. An der Brücke von Pirago sollen die Männer dieser Trupps in weiterer Folge die Italiener abfangen. Sobald eine genügend große Masse von Gefangenen eingebracht ist, sollen diese nach Dogna geführt werden. Das Vorgehen der Spähtrupps wird gedeckt durch ein MG, welches Rommel in einem Hause in Dogna postieren ließ.

Die Spähtrupps gehen vor, das MG hämmert gegen die Italiener – schlagartig brechen zwei Kompanien der Württemberger zwischen den Häusern von Dogna hervor und versuchen in einer nördlichen und südlichen Flankenbewegung gegen das Westufer des Piave vorzudringen. Mitten im Flußbett bricht der Angriff im stärksten italienischen Feuer zusammen. Wie festgenagelt können die Soldaten weder vor noch zurück. Im Nu versuchen sie sich im Flußbett einzugraben. Das Ausheben notdürftiger Deckungen, das Errichten niedriger Steinmauern wird zum Wettlauf gegen den Tod. Verzweifelt ist die Lage der Männer Rommels.

Sie müssen mit Munition sparen, die Italiener verfügen über ungeheuere Vorräte.

Der erste Vorstoß über den Piave ist also erfolglos geblieben. Mitten im Flußbett richtet Rommel hinter einem kleinen Steinmäuerchen seinen Stab ein. Inzwischen sind auch die ersten Soldaten des K. k. Schützenregiments 26 in Dogna eingetroffen. Noch immer herrscht Ungewißheit über das Schicksal der Spähtrupps der Württemberger. Es ist nicht bekannt, wo die ersten fünf entsandten Spähtrupps oder die später entsandten zwei Spähtrupps sich derzeit befinden. Die Situation wird immer bedrohlicher, das italienische Feuer reißt verstärkt Verluste in die Reihen der Württemberger.

Der Plan Rommels, das Westufer zu besetzen und gefangene Italiener auf das Ostufer zu treiben, scheint gefährdet. Doch plötzlich gelingt es Männer der Spähtrupps in der Nähe von Fae auszumachen, ja man sieht sogar, wie sie Italiener gefangennehmen.

In den späten Nachmittagsstunden, kurz vor Einbruch der Dunkelheit, werden größere Massen italienischer Gefangener, in der Nähe von Fae, über den Fluß in Richtung Ostufer in Bewegung gesetzt. Rommel beschließt nun, gleichzeitig mit dieser Bewegung mit seinen Leuten auf das Westufer des Piave zu gelangen. Die beschwerliche Flußdurchquerung im eiskalten Wasser gelingt trotz starken italienischen Beschusses. Die Württemberger stehen endlich am Westufer und ziehen nach Fae. Hier vereinigen sie sich mit den Kameraden der vor vielen Stunden ausgeschickten Erkundungstrupps. Österreichisch-ungarische Einheiten des K. k. Schützenregiments 26 ziehen südlich von Fae in Stellung und sichern hier das Gelände ab.

»Soll ich mich damit begnügen, bei Fae das Piavetal auf dem Westufer nach Norden und Süden zu sperren? Soll ich warten, bis der Feind mich angreift? Nein, das ist nicht nach meinem Geschmack. Um bei Longarone rasch die Entscheidung herbeizuführen, entschließe ich mich, mit den noch zur Verfügung stehenden Teilen meiner Streitmacht (1., 3. Kompanie des Württembergischen Gebirgsbataillons und 1. Maschinengewehrkompanie des K. k. Schützenregiments 26) zum nächtlichen Vormarsch auf Longarone« (Rommel: »Infanterie greift an«).

Dunkel liegt die Nacht um die Soldaten gebreitet. Unentwegt ziehen die italienischen Geschosse ihre Bahn über den Kessel von Longarone, hinter sich feurige Schweife herziehend. Dort, wo die Geschosse auftreffen, begleitet sie der Tod. Das Zentrum des italienischen Feuers liegt auf Dogna und auf dem Ausgang der Vajontschlucht. Hier liegen die Männer geduckt und so gut es geht geborgen in diesem mörderischen Beschuß. Im Talboden aber schreiten unter dieser kaum vorstellbaren Feuerglocke Württemberger und Österreicher auf dem Westufer des Piave von Fae nach Longarone. Was wird Longarone an Überraschungen bergen? Wie stark hat sich der Feind hier verschanzt? Oder wird das Glück auf der Seite der Angreifer sein? Noch wissen sie es nicht, denn unbehelligt gelingt das Vorgehen in dunkler Nacht. Schon tauchen die ersten Häuser von Longarone in Sichtweite auf. Doch plötzlich erkennen die angehenden Truppen ein dunkles Hindernis, das die Straße vor Longarone sperrt.

Nur mehr wenige Meter sind die Soldaten Rommels von dieser Sperre entfernt, als plötzlich hinter der Sperre das Feuer von mehreren Maschinengewehren aufgellt. Ohne jede Deckungsmöglichkeit muß sich die Spitze der Württemberger dem feindlichen Maschinengewehrfeuer stellen und versuchen, sich sprungweise in Deckung zu bringen. Unter dem tödlichen Druck des italienischen Überraschungsangriffes können eigene Vorrichtungen zum Angriff nicht erfolgen. Weder gelingt es, schwere oder leichte MG in Stellung zu bringen. Ununterbrochen fegt das Feuer der Italiener über die am Boden liegenden Gebirgsschützen. Sprungweise versuchen sie nun nach rückwärts zu gelangen. Die Absetzbewegung der weiter hinten verharrenden Gruppen gelingt verhältnismäßig rasch, während jene Soldaten in der Nähe der Straßensperre mit letzter Kraft der tödlichen Bedrohung entrinnen können.

Zurück, zurück ist die Devise, und weit auseinandergesprengt eilen die Württemberger in Richtung Pirago zurück. Es ist ein Wunder, daß die ganz vorne bei der Straßensperre angegriffenen Kameraden unversehrt aus dieser Falle gelangen. Aber so überraschend wie der italienische Überfall begonnen hatte, so überraschend verstummte das Feuer ... Dafür aber wälzt sich nun in dunkler Nacht ein ungeheurer italienischer Heerwurm auf der Straße nach Pirago und Fae vorwärts. Nur ein Wille beherrscht die Italiener: Voran, voran, hinaus aus dem engen Tal in das Tiefland. Inzwischen hat die Abteilung Rommel jeglichen Zusammenhang verloren, Rommel selbst wird nur mehr von einem kleinen Häufchen seiner Kameraden begleitet. Wo sind die anderen? Sind sie schon in Pirago? Oder sind sie bereits wieder in Fae? Niemand weiß genau Bescheid.

Hinter Pirago sammelt Rommel das letzte Häufchen seiner Getreuen, denen sich auch einige Soldaten des K. k. Schützenregimentes 26 angeschlossen haben. Und immer weiter dringt die italienische Masse auf der Straße nach Süden. Die Württemberger – und Steirer – versuchen, diese aufzuhalten. Aber sie werden regelrecht von diesem Heerwurm erdrückt, überrannt. Wer sich nicht ergibt, wird überwältigt, die anderen müssen sich in italienische Gefangenschaft begeben. Nur Rommel und einigen wenigen anderen gelingt es, im Schutze der Dunkelheit zu entkommen. Und weiter wälzt sich das italienische Verhängnis nach Süden: Fae ist das nächste Ziel. Ahnungslos sind hier die Württemberger und die Einheiten des K. k. Schützenregiments 26 – sie wissen nicht, welche Walze auf sie zurollt. Im letzten Moment gelingt es Rommel, in rasendem Lauf kurz vor den Italienern in Fae einzutreffen. Hier stellen sich nun die Württemberger und die Steirer zum entscheidenden Kampf.

»Bald knattern italienische MG, ihre Garben gegen die Mauern spritzend, hinter denen die Steiermärker in Stellung sind. Rechts und links der Straße scheint der Feind anzugreifen. Aus tausend Kehlen schallt ihr Ruf ›Avanti, avanti!‹

Will ich einen feindlichen Durchbruch nach Süden vereiteln, so muß ich mit der verstärkten Kompanie eine Linie halten, die sich von dem Sägewerk am Piave

350 m ostwärts des Schlosses Fae über den Nordrand von Fae bis zu den Felsen des Monte Degnon, 250 m westlich von Fae erstreckt, insgesamt 600 m Frontbreite. In der Mitte dieses Abschnittes steht die verstärkte 3./26 bereits im Kampf beiderseits der Straße. Auf den Flügeln zum Fluß und zum Monte Degnon sind ganz erhebliche Strecken noch unbesetzt. Meine letzte Reserve bilden zwei oder drei Gruppen der 1. und 3. Kompanie, die Reste der nachts auf Longarone vorgestoßenen Kräfte« (Rommel: »Infanterie greift an«).

Dieses Zitat Rommels vermag wohl die damals augenblickliche militärische Lage zu schildern — und weniger das auszudrücken, was in diesen Stunden auf dem Spiele stand. Im Nachhinein ist auch nach Jahrzehnten nicht mehr ersichtlich, was alles hinter den Württembergern bereits lag:

Vom ersten Tag der Offensive an, am 24. Oktober, rollte der Vormarsch. Abgesehen von ganz kurzen Pausen blieb keine Zeit für Rast, Erholung oder Schlaf. Doch nach Erreichen der Ebene und Überschreiten des Tagliamento wurde die allgemeine Lage auch nicht erträglicher.

Denn der neue Auftrag führte die Württemberger wiederum in gebirgige Frontabschnitte hinein. Und überall lauerten die Italiener, überall kam es zu harten Kämpfen. So ist der Weg von Meduno über den Klautaner Paß gezeichnet gewesen von allergrößten Anstrengungen und Belastungen. Zu guter Letzt kam als Höhepunkt der Mühen die Bezwingung der Vajontschlucht dazu.

Und nun war man nach diesen nie aufhörenden Qualen vor Longarone angelangt. Am Höhepunkt der vieltägigen Anstrengungen, da die letzten Reserven nahezu verbraucht sind, da der eigene Nachschub fast völlig zum Versiegen kam, gelingt es den rückflutenden italienischen Truppen – viele Tausende Soldaten! – ausgerechnet im Augenblick des Eintreffens der Württemberger, sich neu zu formieren. Die Situation ist fast aussichtslos geworden. Im letzten Augenblick formierten sich die Italiener nochmals zu stärkstem Widerstand, sie schaffen es, durch Longarone und nach Süden vorzugehen – aber hier sollte ihre Absetzbewegung aus den Bergen ein Ende haben!

Plötzlich weicht das Dunkel der Nacht über Fae dem hellen Lichtschein lodernder Flammen. Zahlreiche Feuer werden im Unterholz und im Gelände entfacht, um die Nacht zu erhellen, um die tatsächliche Ausbreitung der italienischen Truppen beobachten zu können. Für das Gelingen des Gefechtes ist es maßgeblich notwendig zu sehen, wo die Italiener den Durchbruch versuchen werden. Schon brennt das Sägewerk am Flußlauf des Piave, haushohe Flammen schlagen daraus hervor. Inzwischen setzen sich ganze Züge des K. k. Schützenregimentes 26 vom Gros der Verteidiger ab und beziehen an den Flanken Positionen. So verteilen sich die Württemberger und die Steirer schließlich über die gesamte gefährdete Einbruchszone. Sicher, die Frontlinie ist geschlossen, aber die Reihe der Verteidiger ist dünn und stark aufgelockert. Rommel entsendet daher seinen Burschen zum Piave. Er soll den Fluß durchschwimmen und Hilfe bzw. Verstärkung vom Ostufer heranholen.

Längst haben die Italiener mit schwerem Maschinengewehrfeuer den Angriff eröffnet.

»Die feindliche Infanterie liegt dicht massiert sturmbereit auf etwa 100 Meter vor uns in Gräben und Ackerfurchen. Immer wieder dringt durch das Knattern der Gewehre und MG der Sturmruf: ›Avanti, avanti!‹

Das Schnellfeuer der braven Steiermärker und Württemberger Gebirgsschützen verhindert, daß der Feind den Mut zum Sicherheben und Stürmen findet. Breiter und breiter wird die Feuerfront des Feindes« (Rommel: »Infanterie greift an«).

Im Schloß von Fae haben sich die Verteidiger verschanzt. Doch auch hier ist die Situation gefährlich geworden. Im Erdgeschoß befindet sich das Häuflein der Verteidiger, im ersten Stock aber sind 50 gefangene italienische Offiziere untergebracht, die unter dem Eindruck des Vorgehens ihrer eigenen Kameraden zu einem bedrückenden Unsicherheitsfaktor wurden. Doch die österreichisch-ungarischen und deutschen Soldaten benötigen zur Bewachung der Gefangenen viel mehr Mann, als sie vom Kampfgeschehen abziehen können.

Ununterbrochen schlägt das Feuer der Italiener in die Mauern des Schlosses und gegen die weit verstreut liegenden Verteidiger. Gespenstisch beleuchten die Flammen der Brände die Szenerie. Die Nacht ist erfüllt von Lärm, Geschrei, Rauch, Feuersbrunst und dem Peitschengeknall der Stutzen, dem Knattern der Maschinengewehre. Eine wahre Orgie des Krieges lastet über Fae. In diesem ununterbrochenen Symphoniekonzert des Grauens gibt es kein Adagio, aber von Zeit zu Zeit ein teuflisches Allegro.

Dieses ist nur zu vernehmen durch plötzlich noch stärkere Intensivierung des italienischen Feuers — dann, wenn die italienischen Offiziere ihre Mannschaften zu neuem Sturmangriff animieren wollen! Dann befehlen die Offiziere eine wesentliche Feuerverstärkung, und plötzlich ertönt der Schlachtruf der Italiener gegen die sich verzweifelt wehrenden Österreicher und Deutschen. Diese müssen sich in Bruchteilen von Sekunden auf den Sturmangriff gefaßt machen und ihrerseits versuchen, durch eine eigene Feuersteigerung dem Feind die Freude an einem Ausbruch zu nehmen. Im freien Gelände kauern die Steirer hinter kleinen Ackermauern und beschießen in direktem Feuerkampf die Italiener. Doch längst wäre das Gefecht durch Munitionsmangel für die Österreicher und Deutschen verloren gewesen, wenn sie nicht auf ungeheure Mengen erbeuteter italienischer Ausrüstung zurückgreifen hätten können. Zahlreiche Württemberger sind verwundet, mehrere gefallen und über das Verbleiben ganzer Züge herrscht Ungewißheit. Einen einsamen Kampf kämpfen die einzelnen Besatzungen der schweren Maschinengewehre gegen den Feind. Die Munition geht den Männern aus, sie konnten sich nicht mehr rechtzeitig mit italienischen Beutewaffen eindecken. An der Tatsache, daß eine Handvoll Patronen fehlte, scheiterte so manches Leben ...

Aber noch immer kämpfen die Österreicher und die Deutschen ohne Aussicht auf Hilfe vom Ostufer des Piave. Ist dem Burschen Rommels das Überqueren des

Flusses nicht gelungen? Wurde er ein Opfer der Fluten, oder konnten ihn die Italiener abfangen? Denn allein sein Versuch, den Fluß zu durchschwimmen, um Hilfe zu holen, grenzte an eine schier unlösliche Aufgabe: War es doch nur möglich, die gefangenen Italiener über den Fluß zu bringen bzw. mit den eigenen Leuten diesen zu queren, indem sich die Soldaten einzeln an den Händen faßten und so eine lebende Kette gegenüber der starken Strömung bildeten. Wie aber soll dieses Unterfangen ein einzelner Mann schaffen?

Auf dem Ostufer des Flusses aber stehen zahlreiche Abteilungen des K. k. Schützenregimentes 26 und auch Kameraden des Württembergischen Gebirgsbataillons mit Major Sproesser. Wir dürfen ja bei all dem nicht vergessen, daß die Abteilung Rommel und einige Gruppen der Steirer gleichsam die Vorhut bei der Überschreitung des Flusses bildeten. Der Großteil aber des Bataillons bzw. des Regimentes mußte stundenlang am Ausgang der Vajontschlucht bewegungslos verharren, da die Italiener mit Artilleriedauerfeuer und dem zahlreicher schwerer Maschinengewehre auf sie einwirkten. –

Viele Stunden währt das zähe Ringen bei Fae und in Fae an. Längst erstreckt sich die gesamte Frontbreite zwischen Monte Degnon und dem Lauf des Piave. Nach Mitternacht verringert sich der Widerstand der Italiener, die Verteidiger können es wagen, einige Erkundungstrupps gegen die feindlichen Linien vorzusenden. Denn nach wie vor ist unklar, was sich im Bereich der hinteren Linien der Italiener bis gegen Longarone tut. Bedrohlich wurde aber auch die Lage südlich von Fae: Wir erinnern uns, daß zu Beginn des Einlangens der Württemberger und der Steirer in Fae einige Abteilungen steiermärkischer Soldaten die Beobachtung und eventuelle Sicherung des Raumes südlich von Fae übernommen hatten. Doch inzwischen mußten sie unter dem Druck des Anstürmens der Italiener von Norden und durch deren massiertes Vorgehen sich aus diesem Sicherungsraum zurückziehen. Nur vier Soldaten des K. k. Schützenregimentes 26 verblieben als Feldwachen gleichsam südlich von Fae ... Glücklicherweise kamen die Italiener nicht auf die Idee, von hier aus gegen die Verteidiger in Fae einzudringen. Dann wäre die Lage für Rommel und für die Steirer nahezu hoffnungslos geworden. Von zwei Seiten beschossen, hätten sie keine Chance mehr gehabt.

Dieses erste, stundenlange Gefecht während der Nacht in und um Fae legte die entscheidende Grundlage für die Eroberung von Longarone. Das Hauptverdienst dabei fiel ausschließlich Rommel zu. Er eilte als einziger in der nahezu aussichtslosen Situation des Vorwälzens der italienischen Heermassen bei Pirago den angreifenden Italienern seitlich voraus und warnte im letzten Augenblick seine Gefährten in Fae. Als nächstes organisierte er nicht nur den Widerstand in Fae, sondern auch im umliegenden Gelände.

Eine seiner größten Kriegslisten in diesem Zusammenhang war das Entfachen der zahllosen Brände und auch das Entzünden mehrerer Gebäude. So erst konnte das Dunkel der Nacht durchdrungen werden von einigermaßen brauchbarem Schußlicht. Angesichts des Zahlenverhältnisses Tausender Italiener gegenüber einer Handvoll Verteidiger war dies die einzige Chance, gezielt und mit höchster Konzentration auf die Gegner einwirken zu können. Bei Dunkelheit in der Nacht wäre die Planung und Durchführung des Gefechtes unmöglich gewesen.

Zwei Stunden nach Mitternacht langt die heißersehnte Verstärkung ein:

»Die ganze 2. Kompanie unter Leutnant Payer, die die Umgehung über Monte Lodina durchgeführt hat, ferner Teile der 3. und 1. Kompanie, die nach dem nächtlichen Kampf südlich Pirago wieder auf das Ostufer des Piave ausgewichen sind, weiter der Rest der 1. MGK mit reichlich Munition und schließlich die 1. und 2./K. k. Sch.R. 26 unter Hauptmann Kremling.

Die gesamte Verteidigung wird nun neu geordnet, das Schloß selbst zur Verteidigung eingerichtet. Munition in reichlichem Maße bereitgestellt. Eine Kompanie Sch.R. 26 übernimmt die Sicherung und Aufklärung nach Süden. Ferner werden die fünfzig italienischen Offiziere, die stumme Zeugen des Kampfes bei Fae gewesen waren, auf das Ostufer des Piave abgeschoben. Nur ungern gehen sie in der Novembernacht (9./10. Nov.) durch die eiskalten reißenden Wasser« (Rommel: »Infanterie greift an«).

Doch noch hat der Italiener nicht aufgegeben. Aber er stößt auf bedeutend verstärkten Widerstand, konnte andererseits auch eigene Geschütze in Stellung bringen. Der Kampf wird härter und erbitterter. Zur Vorbereitung des nächsten italienischen Angriffes setzt verstärktes Artilleriefeuer gegen Fae ein. Donnernd und brausend heulen die Granaten in der Dunkelheit heran und schlagen zwischen den Steirern und Württembergern ein. Mit ihnen kam der Tod, der schreckliche Lücken hinterläßt. Schlagartig verstummt das Artilleriefeuer der Italiener, und im Bruchteil von Sekunden stürmen graue Schatten an. Wie Schemen durchdringen sie die kurze Entfernung zu den Verteidigern und erheben sich zum Sprung. Beherzte Fäuste greifen zu Handgranate und Sturmmessern, kräftige Gestalten schwingen die Gewehrkolben. Diese Italiener, die nun auf Rommel und seine Kameraden eindringen, sind kampfstarke und äußerst tapfere Gebirgssoldaten der italienischen Hochgebirgsfront. Männer, die sich nicht auf Anhieb geschlagen geben. Dies zeigte ihr Vorgehen von Longarone nach Pirago, dies zeigte auch das stundenlange Gefecht um Fae und dies zeigte, daß sie auch in letzter Konsequenz zu kämpfen verstehen.

Und es ist fraglich, ob andere Einheiten deutscher und österreichisch-ungarischer Truppen so ohne weiteres dem Ansturm dieser zähen Angreifer standhalten hätten können. Im Nahkampf von Mann gegen Mann wird diese letzte verzweifelte Welle der Italiener geworfen. Sie ziehen sich zurück in Richtung Longarone.

Nun hat sich das Schicksal eindeutig auf die Seite der Steirer und Württemberger gestellt. Das erste Licht des Tages liegt über dem Schlachtfeld von Fae. Todmüde und abgekämpfte Soldaten raffen sich zu neuerlichem Vorgehen gegen Longarone auf. Doch zahlreiche Tote haben ihre Reihen gelichtet. Kleine Erkundungstrupps schleichen nordwärts gegen Pirago und

erkunden das Verhalten der Italiener. Im selben
Atemzug wird auch der Raum südlich von Fae stärker
abgesichert. Denn nun muß der Rücken gegenüber
den nach Longarone vorgehenden Kräften frei gehalten werden. Das Schicksal von Longarone aber ist besiegelt.

Nun geht es wieder vorwärts nach Norden gegen Pirago. Doch hier sprengen die Italiener die Brücke. Allein der Vormarsch ist auch durch dieses Hindernis
nicht mehr aufzuhalten. Aber unbeschreibliche Szenen spielen sich noch ab. Die rückwärts ziehenden
Italiener müssen ihre Gefangenen freigeben, und zahlreiche Württemberger finden so wieder zu ihren Kameraden zurück.

Aber auch Schreckliches müssen die Männer empfunden haben, als sie so manchen Toten aus ihren
Reihen im Felde liegen sahen. Schwerverletzte Gefährten können noch geborgen werden, und so zieht
ein Haufen der alten Armee des Deutschen Reiches
und der Donaumonarchie durch das Piavetal nach
Norden.

Nur das bereits inzwischen Erinnerung gewordene
Gefecht um Fae begleitet sie. Longarone ergibt sich
einschließlich aller italienischen Soldaten. Der Ein-
zug in den Ort wird zu einem Triumphzug. Longarone
selbst quillt über von Soldaten – unermeßliche Heer-
scharen der Italiener füllen die Straßen, Plätze, Gassen mit Mann und Material. Viele der gefangenen Italiener winken den einmarschierenden deutschen und
österreichischen Truppen zu. Die Spannung von
Freund und Feind ist gewichen – das beklemmende
Grauen ist zumindest für diesen Tag vorüber, und für

November 1917: Kaiserschützen lagern bei Feltre (oben); maskiertes Geschütz (unten).

1917: Feltre – Stadtplatz (oben), S. Giuseppe (unten; Cadornas Ex-Hauptquartier).

Die Straßen nach der Offensive 1917 boten ein Bild der Verwüstung.

Öst.-ung. Radiokompanie 60 (Grappa); 4. v. r. vorne: O. Kroutil; g. hinten deutsche Soldaten.

So rückte der österreichische »Kadett Otto Kroutil« im Sommer 1915 ins Feld.

1917: Mte. Grappa, C. d. Orso, Mte. Solarolo (oben; v. l. n. r.) und Grappa-Tragtierkolonne.

Öst.-ung. Kommando »Casa Bonato« am Monte Asalone, 1917.

November 1917: Sternkuppe und Fontana Secca (oben), Seilbahn (unten) im Grappa-Abschnitt

die Italiener, die sich ergeben, ist der Krieg hier in Longarone beendet. Und wie um die Düsterheit dieses Tages und der vorangegangenen Nacht zu unterstreichen, setzt dichter Regen ein. Er verhüllt die Berge, Nebel zieht durch die Felsschluchten der Vajontschlucht, die Straßen und Wege gehen im Schlamm unter. Ein graues Heer von Freund und Feind findet in diesem kleinen Gebirgsnest zum Frieden. Und nun dringen auch zahlreiche weitere österreichisch-ungarische Einheiten ungehindert auf jenem Weg, den Rommel und die Württemberger freigeschlagen haben, nach Longarone ein.

»Es regnet am Vormittag des 10. November. Langsam werden die Straßen Longarones leer von italienischen Soldaten. Berge von Waffen liegen auf dem Marktplatz, auch italienische Geschütze werden hier abgeliefert. Ostwärts Longarone ist die Piaveniederung jetzt voll von Gefangenen. Insgesamt haben über 10 000 Mann – eine ganze italienische Division – die Waffen gestreckt. 200 MG, 18 Gebirgsgeschütze, 2 Revolverkanonen, über 600 Tragtiere, 250 beladene Fahrzeuge, 10 Lastkraftwagen, 2 Sanitätsautos werden unsere Beute« (Rommel: »Infanterie greift an«).

Mit der Erreichung und Bezwingung der italienischen Massen im Raum Longarone wurde ein weiterer Höhepunkt im Rahmen der Offensive von Flitsch–Tolmein bis zum Monte Grappa erreicht. In der Gesamtheit der Ereignisse innerhalb der Offensive kam zwei Stoßrichtungen extreme Bedeutung zu. Ähnlich wie der Vormarsch durch das Tiefland vonstatten ging, wurde auch in den gebirgigen Vorstoßräumen operiert. Hier wie dort aber mußten andere Überlegungen für das Vorgehen der beteiligten Truppen zugrunde gelegt werden.

Während im Flachland sich die Angreifer in der Stärke mehrerer Armeen auf ganzer Frontbreite in Bewegung setzten und Zug um Zug das Hinterland des Feindes in kongruenten Angriffen aufrollten, kam dem Vorstoß in der Flanke eine erhöhte Bedeutung zu. Hier handelte es sich sowohl um die Sicherung des Flankenraumes der Tieflandarmeen als auch um ein Werfen des Gegners im Gebirge. Die dafür vorgesehenen Truppen mußten selbstverständlich gebirgstauglich – im alpinistischen wie im militärischen Sinne – sein, ihre Kommandanten und Stäbe die Grundlagen des Gebirgskrieges perfekt in dem Gesamtverlauf der Offensive transponieren können. Dazu gehörte ein vollkommenes, kameradschaftliches Zusammenspiel von Mannschaften und Offizieren, dazu gehörte aber auch eine ungeheuere Mobilität während des Vorgehens: Geistige und körperliche Beweglichkeit hatten hier ineinander überzugreifen. Nur in Form kleiner, kampfstarker Truppen, oft nur in der Stärke eines Zuges, wurde an zahlreichen unterschiedlichen Positionen des Feindes operiert. Die Ernährung wurde vor große Probleme gestellt und blieb oft aus. Die Versorgung mit Nahrungsmitteln aus dem Land war undurchführbar, die Bevölkerung selbst war längst notleidend. Große Probleme ergaben sich durch das Ausbleiben des Nachschubs und durch das Fehlen von Ersatzmannschaften. Die Kommandanten dieser Einheiten, denen der Vormarsch durch die Klautaner Alpen anvertraut wurde, hatten sich also mit einer Vielzahl von Problemen herumzuschlagen. Die Summe aller Schwierigkeiten bedeutete für jeden einzelnen Beteiligten eine ununterbrochene immerwährende Anspannung. Nur wer über genügend Zähigkeit verfügte, konnte mit einem Erfolg rechnen. Das Württembergische Gebirgsbataillon hatte mit seinen Offizieren, allen voran Rommel und Major Sproesser, die gestellte Aufgabe des inneralpinen Vormarsches gegen Longarone glänzend gelöst. –

Glück und Unglück im Krieg liegen oft sehr nahe beisammen. Der Erfolg und auch die Aussichtslosigkeit sind die Brüder des Soldaten. Und oft schon liegt im Augenblick des Höhepunktes der Anfang vom Ende. Damals in Longarone, im beglückenden Gefühl des überwältigenden Sieges, hätten sich die Kampfgefährten Rommels und auch dieser selbst kaum vorstellen können, daß der Höhepunkt ihrer Beteiligung im Rahmen der großen Offensive gegen Italien 1917 überschritten war. Das nächste Ziel der im Kampfe zu unerhörter Kameradschaft verschweißten Männer sollte identisch sein mit dem Maximalziel, das im Krieg gegen Italien erreichbar war. In wenigen Wochen durchschritten die verbündeten Armeen Österreich-Ungarns und des Deutschen Reiches die historische Zeitspanne, die über den Fortbestand der Donaumonarchie entscheiden sollte.

Am Monte Grappa und seinen Nachbargipfeln verbissen sich Freund und Feind ineinander, hier nahm das Verhängnis – gipfelnd in der Sommerschlacht 1918 am Piave – seinen Anfang.

Monte Grappa – Schicksalsberg der Donaumonarchie

Fast 60 Jahre sind vergangen – und in der Erinnerung an das große Ringen des 1. Weltkrieges gegen Italien blieben nur mehr wenige Namen in der Überlieferung bestehen. Die Generation der damals Zwanzigjährigen wird heute immer mehr durch den Tod gelichtet. Nur wenige Männer leben noch, die »damals« dabei waren. In den Herzen ihrer Mitmenschen hat sich im Laufe von Jahrzehnten zu viel ereignet, als daß man noch genügend Fähigkeit hätte, sich vorstellen zu können, wo damals 1917 unsere Großväter ihr Bestes gaben.

Geblieben ist daher nur mehr – bei breiten Volksschichten – als Sinnbilder des Hochgebirgskrieges ein oberflächliches Wissen über die Kämpfe um Marmolata, Ortler, Col di Lana und die Drei Zinnen. Aber bereits bei den Namen wie Krn, Matajur oder Monte Asalone, Monte Grappa, Monte San Gabriele oder Monte Sabotino verblaßt das Wissen unserer Generation.

Man lebt, man arbeitet, oft sehr dem oberflächlichen Konsum hingegeben, und manchmal habe ich das Gefühl, daß die Menschen in Deutschland und Österreich bewußt jede Konfrontation mit der geschichtlichen Entwicklung des heutigen Europa negieren wollen.

Wen interessiert das schon, daß an diesen Brennpunkten des Krieges das Schicksal unserer Völker sich entschied, daß hier unzählige Männer aus allen Gesellschaftsschichten und Nationalitätskreisen getreu ihrem Eid und ihrem menschlichen Wollen entsprechend mit unvorstellbarer Tapferkeit die Existenz ihrer Heimat bewahren wollten. Hier drehte es sich nicht um Politik oder um weltanschauliches Gezänk, hier stand Mann neben Mann in einer Verbundenheit, die wir uns heute nicht vorstellen können – und zwar deshalb nicht, weil jene längst vergangene Welt uns im kulturgeschichtlichen Sinn fremder als alles andere wurde …

So möchte ich Ihnen auf diesen letzten Seiten meines Buches berichten, wie das Leben auf diesen Bergen rund um den Monte Grappa sich in den letzten Wochen des Krieges abspielte. Ich werde Ihnen von Menschen erzählen, von Soldaten und von Einheiten der kaiserlichen Armeen Österreich-Ungarns und des Deutschen Reiches, die am Monte Grappa die Zeugen der letzten ruhmreichen Gefechte dieses Frontabschnittes wurden:
In den letzten Kriegswochen des Jahres 1917 vollzog sich für die verbündeten Armeen der Wechsel vom Kriegsglück zum Untergang.

Durch den ungeheueren Erfolg der 12. Isonzoschlacht und den nachfolgenden Vormarsch bis zum Piave mußte Italien seine Armee auf das Westufer des Piave zurückziehen, Cadorna wurde die Schuld für das Versagen Italiens angelastet, General Diaz übernahm die führende Position und organisierte die neue und letzte Widerstandslinie der Söhne Italiens. Von der Flußmündung des Piave zog sich nun von den ersten Novembertagen 1917 an die Hauptkampflinie gegen Norden, immer entlang des Flußlaufes, und erreichte im Raum Quero den Abschnitt des Monte Grappa. Hier trat die Front aus der Tiefebene in das Gebirge ein.

Aufgrund der naturräumlichen Gegebenheiten bildete das Massiv des Monte Grappa den Angelpunkt und den Brechpunkt des neuen Frontverlaufes. Die Gipfelhöhe des Monte Grappa mit 1775 m scheint nicht hoch zu sein – die Orte in den Tälern aber liegen ca. 300 m über dem Meere: Der Höhenunterschied für Freund wie Feind, im Krieg zu bewältigen, betrug also um die 1400 m. Ein enormer Höhenunterschied, der im Vergleich zu den Höhenunterschieden an der Dolomitenfront um ein Vielfaches größer war.

Dazu kam die Oberflächenbeschaffenheit des Kampfgeländes, die in den tieferen Regionen mit dichtem Unterholz, in den höheren Regionen mit karstigen, schuttreichen Flanken der Berge schwierigste Anforderungen an die Soldaten stellte. Zusätzlich trat in jenen Tagen des November 1917 sehr bald starker Schneefall ein, der einen frühen Wintereinbruch nach sich zog.

Und jetzt mußten hier die Deutschen und die Österreicher nach diesen unendlich mühsamen Tagen der Offensive zum härtesten Kampf an der Italienfront antreten.

Italien wußte, daß der Monte Grappa über das Schicksal der Italiener, über den Fortbestand der erst vor wenigen Jahren erreichten Italianità entscheiden würde. Ein Zusammenbruch der Front Italiens auf den Bergen rund um den Monte Grappa hätte den Untergang bedeutet: Wie zwei Türflügel hätte sich die Front Österreich-Ungarns gegen Italien vorgehend entwik-

226

kelt. Die Piavefront hätte die Tiefebene mit den italienischen Positionen aufgerollt, aus den Bergen wären gleichzeitig die Angreifer in Form eines zweiten
Flügels vorgedrungen.

Österreich-Ungarn aber mußte um jeden Preis versuchen über den Piave vorzugehen, die italienischen
Stellungen am Monte Grappa hinwegzufegen und in
einer letzten großen Schlacht Italien zu bezwingen.

Das Anhalten der Offensivtruppen Österreich-Ungarns und des Deutschen Reiches am Piave 1917 legte
die Ursache für den Untergang der Donaumonarchie.
Die große Chance, Italien in einem Aufwaschen zu
bezwingen, wurde vertan. Die Italiener sammelten
sich mit unvorstellbarer Widerstandskraft jenseits des
Piave und bauten den Monte Grappa mit seinen
Nachbarbergen zu einer unbezwingbaren Festung aus.
Gleichzeitig aber stellte sich der Hochgebirgswinter
auf die Seite der Italiener. Auf der Gegenseite aber fei-
erte eine aufgeblähte Militärbürokratie wahre Orgien
an »feldmäßiger Organisation«. Als Ergebnis dessen
entwickelten sich die Nachschubverhältnisse an
Mann und Material für die österreichisch-ungarische
Grappafront – ohne äußere Ursachen – katastrophal.

Im selben Maße wurden die italienischen Einheiten
mit zahlreichen Verbänden ihrer Alliierten verstärkt.
Und fortan rollte der Nachschub für Italien in unge-
ahnten Dimensionen. Hier wiederum von besonderer
Bedeutung war das Heranführen modernster Geschütze. Unmassen an Munition und kampfstarker
Artillerie schufen die Voraussetzung für den erfolgreichen Widerstand der Italiener. Dagegen verfüg-
ten die verbündeten Armeen an der österreichisch-

ungarischen Frontlinie über einen Bruchteil ausgeleierter Geschütze. Die artilleristische Überlegenheit Italiens war kaum vorstellbar. Die größte Rolle aber im erfolgreichen Beharren der Italiener kam ihrem neu erwachten moralischen Gefüge zu: Bewundernswert rasch erholte sich die italienische Nation von dem Schock der 12. Isonzoschlacht und erstarkte zu gewaltiger moralischer Größe.

Jetzt ging es um Italien, jetzt ging es um italienischen Boden, jetzt tobte der Krieg mitten in der Heimat – jetzt erhielt der Kampf auch einen Sinn für jene italienischen Soldaten, die vor der Offensive 1917 kaum einen Sinn darin erblickten, gegen die Donaumonarchie auf überwiegend österreichisch-ungarischem Boden zu kämpfen. Das leicht entflammbare nationale Gewissen der Italiener riß diese zu größter Begeisterung im Kampf gegen Österreich-Ungarn hin. Der Grappa wurde zum Schicksalsberg des Ersten Weltkrieges gegen Italien. In den ersten Wochen der Grappafront kämpfte auch hier wieder das Württembergische Gebirgsbataillon mit Rommel und Sproesser an den heißesten Punkten des Geschehens.

Die militärische Lage, in die die Württemberger gestellt wurden, sah folgendermaßen aus:

Italien mußte der Bildung eines »Obersten Kriegsrates« seine Zustimmung gewähren. Die Alliierten Italiens gaben in diesem Kriegsrat in Versailles den Ton an. Nach kurzer Zeit bereits spürte man an allen italienischen Frontabschnitten die Unterstützung der Entente. Auf österreichisch-ungarischer Seite kämpfte man im Großen gesehen ohne erfolgreiches Konzept.

Starke Rivalitäten innerhalb der Generalität machten sich verheerend bemerkbar. Die Heeresgruppe Conrad versuchte von Asiago aus den Italienern in die Flanke zu fallen, erzielte aber keinen Erfolg. Die Ursache dafür sei mangelnde artilleristische Hilfestellung von seiten der anderen verbündeten Heeresgruppen gewesen. General Krauß hatte inzwischen Feltre erobert, der Krieg am Monte Grappa war schon begonnen. Die militärische Konzeption der Heeresgruppe Krauß wie der Heeresgruppe Conrad ließ zu wünschen übrig: Man wurde sich nicht einig, ob man über die Berge gegen Italien vorstoßen solle oder durch die Täler – und schon gar nicht konnte man sich einigen, in einem kombinierten Vorgehen dies zu versuchen. Man stritt, man intrigierte, feine höfische Intrigen wurden gesponnen – und inzwischen vergingen die Tage, wo der Schwung der Offensive versiegte. Und als die Herren Generäle endlich zu einem bestimmten Vorgehen sich einigen konnten, zog der Winter auf den Bergen um den Monte Grappa ein. Nach und nach erstickte der Schnee jegliches Vorgehen im Sinne einer großen Offensive. Es trat das ein, was die Italiener sich erhofften: Binden großer Heeresmassen des Gegners und Zerfleddern deren Kampfkraft in zahlreichen verlustreichen Einzelaktionen. Die deutschen und österreichisch-ungarischen Käfte wurden gezwungen, sich in verschiedene Gruppen aufzuspalten – für die Berge, für die Täler. Nach tagelangem Zaudern entschloß man sich, am 16. November (!) einen erneuten Piaveübergang zu versuchen. Aber dieses Unternehmen war von vorneherein zum Scheitern verurteilt. Auch hier konnten sich die Heeresgruppen nicht zu einem konzentrischen Vorgehen vereinen. Als Folge davon beschloß man am 22. November, eine Offensive über die Höhen des Monte Meletta und des Monte Grappa zu versuchen. Aber auch das war bereits zu spät. Der Winter und die inzwischen unerhört stark gewordenen italienischen Linien erstickten den Angriff im Keime. Sicher, die Eroberung des Monte Meletta und des Monte Asalone zählte zu den großartigsten Taten österreichisch-ungarischer Truppen, aber es handelte sich letzten Endes nur um lokale Erfolge.

Mit einem Wort: Die Offensivarmeen stießen aus bis heute nicht geklärten Ursachen nicht über den Piave vor. Der an Stelle dessen geplante Vorstoß aus der Flanken-Ecke, eben vom Monte Grappa her, scheiterte am hinhaltenden Widerstand der Italiener, an der hochwinterlichen Witterung, vor allem aber wegen der Eifersüchteleien und Intrigen innerhalb der österreichisch-ungarischen Generalität. In der nachträglichen Beurteilung der Quellen ergeben sich erschütternde Akzente – die Soldaten an der Front mußten dies bezahlen.

Bevor ich auf die einzelnen Gefechte Rommels im Grappa-Abschnitt eingehe, möchte ich das Augenmerk des Lesers noch auf die Illustrationen für dieses Geschehen hinlenken:

Auf Seite 193 sehen Sie ein sensationelles Bild – Artilleriebeschuß am Piave! Die nachfolgende Seite zeigt Ihnen österreichisch-ungarische Soldaten in voller Sturmausrüstung, während des Vormarsches – und den Abtransport einer erbeuteten italienischen Geschützlafette mit einem Holzfuhrwerk.

Auf den Seiten 213 bis 220 sehen Sie zahlreiche

Szenerien des Vormarsches in der Tiefebene und von der Grappafront. So zum Beispiel den Stadtplatz von Feltre 1917 nach der Eroberung (S. 214), das Hauptquartier von General Cadorna bis August 1917; die Abbildung auf S. 215 vermittelt einen Eindruck vom Chaos auf den Straßen nach dem Rückzug der Italiener.

Ein kriegsgeschichtlich wertvolles Gruppenbild zeigt Ihnen die Abbildung auf S. 216 – die österreichisch-ungarische Radiokompanie 60 mit reichsdeutschen Kameraden (hinterste Reihe) im Grappagebiet. Als Kontrapunkt zur Seite 194 möge die Abbildung auf Seite 217 dienen: Nur etwas mehr als zwei Jahre lagen zwischen diesen beiden Bildern ... Besonders wertvoll ist die Abbildung auf Seite 219 – eine der wenigen existierenden Fotografien des österreichisch-ungarischen Brigadekommandos Casa Bonato am Monte Asalone 1917. Die beiden Bilder auf Seite 237 aber zeigen Wegszenerien des Anmarschweges der Österreicher zum Monte Asalone im Val di Stizzon. Hier marschierten die Kolonnen an die Front ...

Rommel am Monte Grappa

Nach der Eroberung von Longarone blieben die Württemberger bis zum 11. November 1917 dort, bestatteten ihre Gefallenen, und konnten sich erholen. Die weiteren Kampfhandlungen führt das Württembergische Gebirgsbataillon nun im Verbande mit der 22. K. k. Schützendivision durch. In mehrtägigen Fußmärschen geht es nun nach Süden im Piavetal vorwärts, bis Feltre erreicht ist. Das Bataillon wechselt nun in die deutsche Jägerdivision über. Weiter geht der Vormarsch entlang des Piave. Dumpf lagert das Grollen der italienischen Artillerie des Grappa-Abschnittes über den anmarschierenden Soldaten. Immer wieder schlagen Granaten auf die Wege des Vormarsches ein. Am Monte Tomba steht starke italienische Artillerie und schießt aus allen Rohren. In nächster Nähe am Monte Tomba liegen bereits die Österreicher in Stellung. Kurz bevor das Württembergische Gebirgsbataillon Quero erreicht, erhält es den Auftrag, über den Monte Tomba gegen Bassano durchzubrechen. Die Situation ist folgendermaßen: Rommel marschiert mit seinen Kameraden im Piavetal nach Süden, die Männer stehen kurz vor Quero. Quero selbst ist evakuiert und steht unter mörderischem italienischem Artilleriebeschuß. Die Häuser sind zerschossen, zahlreiche tote Soldaten liegen auf den Anmarschwegen um Quero und in Quero selbst. Es ist ein Bild des Grauens!

In der Nacht tauchen italienische Scheinwerfer alles in ein gespenstisches Licht. Ununterbrochen währt das italienische Artilleriefeuer an. Die Verluste werden immer größer. »Es ist mir klar, daß von einem frisch-fröhlichen Durchbruch über Monte Grappa auf Bassano hier nicht mehr die Rede sein kann. Die Feindfront ist geschlossen und stark, wir kommen zu spät« (Rommel: »Infanterie greift an«).

In der Nacht vom 17. auf den 18. November 1917 steigen die Württemberger unter starkem Artilleriebeschuß der Italiener gegen den Gipfel des Monte Spinuccia an. Auf der Gipfelkuppe selbst sitzen die italienischen Verteidiger in wohlausgebauten Stellungen, verstärkt durch Artillerie, Minenwerfer, Flammenwerfer. Am schmalen Grat in nächster Nähe sollen die Soldaten Rommels vorgehen. Doch jede Kampfhandlung gegen die italienischen Positionen bleibt ohne Erfolg, der eigene Nachschub kommt nicht voran, ebenso wie von Artillerieunterstützung oder dem Einsatz der versprochenen Minenwerferabteilungen keine Rede sein kann. Die Italiener behalten den Monte Spinuccia. –

Nördlich des Monte Spinuccia, diesem direkt gegenüber, erhebt sich das Massiv der Fontana Secca (1609 m). Hier kämpften Tiroler Kaiserschützen und Bosniaken einen grauenhaften Kampf gegen die Italiener und konnten schließlich die Kuppe der Fontana Secca einnehmen. Nachdem der direkte Angriff über den Monte Tomba gegen Bassano nicht durchführbar war, sollten die Württemberger nun in einer Umgehungsaktion über Fontana Secca und Monte Solarolo gegen den Monte Grappe vorgehen.

»Da sich die Lage auf dem Südhang der Fontana Secca keineswegs geändert hat – das Kaiserschützen-Regiment ist nicht wesentlich vorwärts gekommen – und keinerlei Aussicht besteht, daß sich hier im Laufe des Tages noch etwas ändert, erbitte ich bei der Gruppe Sproesser die Erlaubnis, rechts zu der 25. Gebirgsbrigade nach dem Solarolo rücken zu dürfen, um dann von dort in Richtung Grappa anzugreifen. Major Sproesser ist einverstanden. Bald befindet sich das ganze Württembergische Gebirgsbataillon in Marsch. Es erweist sich als unmöglich, den kürzesten Weg einzuschlagen, nämlich die nahezu senkrechten Felswände des Westhanges der Fontana Secca zu durchschreiten. So bleibt nichts anderes übrig, als ein Abstieg ins Stizzone-Tal. Wir schreiten tüchtig aus, jedoch bei Dai Silvestri überrascht uns die Dunkelheit. Ich lasse das ermüdete Württembergische Gebirgsbataillon hier rasten und entsende Leutnant Amman (6. Kompanie), um die Lage der eigenen Truppen auf dem Monte Solarolo zu erkunden. Meine Absicht ist, so zeitig weiter zu marschieren, daß das Württembergische Gebirgsbataillon bei Tagesanbruch am 25. November ausgeruht auf dem Solarolo zur Fortsetzung des Angriffs bereitsteht. Als Leutnant Amman von seiner sehr eingehenden und erfolgreichen Erkundung zurückkommt, hat sich jedoch die Lage vollkommen geändert. Dem Württembergischen Gebirgsbataillon wird sehr verübelt, daß es in den Gefechtsstreifen der erfolgreicheren Nachbarbrigade abgerückt ist. Die Entrüstung darüber ist so groß, daß Major Sproesser nichts anderes übrigbleibt, als sofort um Ablösung aus dem Verband der K. k. 22. Schützendivision zu bitten, was genehmigt wird. Das Bataillon kommt einige Tage in Ruhequartiere ostwärts

Feltre, dann geht es am 10. Dezember wieder Piave-talabwärts an die Front auf dem Massiv des Fontana Secca« (Rommel: »Infanterie greift an«).

Doch inzwischen zog der Winter auf den Bergen ein: Eine dichte Schneedecke breitet sich über Freund und Feind aus. Die Italiener liegen in hervorragenden Unterkünften, wohlbeheizt, blendend versorgt. Hinter der ersten italienischen Linie liegen in Bereitstellung Zehntausende italienischer Soldaten, und letzten Endes ziehen sich die italienischen Reservestellungen in ununterbrochener Folge von den Bergen bis hinunter in das Tiefland. Alles ist gesteckt voll mit Soldaten, ununterbrochen rollt der Nachschub an die italienische Front. Jede Einheit, die in einem Gefecht stand, wird unverzüglich abgelöst, geht nach hinten, erholt sich. Die Toten werden geborgen, die Verwundeten in hervorragenden Lazaretts versorgt. Kampfstarke und frische italienische Einheiten treten an ihre Stelle.

Auf der Gegenseite aber stehen im Vergleich dazu kleine Häuflein österreichisch-ungarischer und deutscher Soldaten. Darunter die Württemberger. Unter dem Eindruck des Winters wird die Aktivität gelähmt: Der Schnee und die eisige Kälte hemmen jeden Angriff. Grauenhaft sind die Nächte unter den Zeltplanen, kein Kleidungsstück ist trocken. Die Waffen frieren ein, der Nachschub bleibt aus, und auf sich allein gestellt sollen diese Soldaten einen übermächtigen Feind angreifen. Bekleidung und Schuhwerk sind äußerst mangelhaft, die Männer verfügen ausschließlich über Kleidung, die für den Krieg in den Tälern bestimmt war. Es gibt keine warme Unterwäsche, keine Pelzmäntel, kein hochalpines Schuhwerk.

Und dennoch wagen die Württemberger Unternehmungen gegen die Italiener auf der Sternkuppe, dem Monte Solarolo und auch auf der Pyramidenkuppe. Im eisigen Toben des Winters versiegen die Angriffe und kommen zum Stillstand. In den letzten Tagen vor Weihnachten 1917 treten die Männer um Rommel den Weg in das Tal an. Hier, in Schievenin, bringt die Feldpost für Rommel und Major Sproesser eine Sendung: Den Pour le mérite! Weihnachten wird im Tal verbracht. Doch am Tag danach ziehen die Soldaten wieder an die Front zum Monte Pallone in der Nähe der Front am Monte Tomba. Doch in der Zwischenzeit hat sich auch hier nichts zum Besseren geändert: außer, daß die Not noch größer wurde. Die Verpflegung ist noch schlechter, der Schnee noch höher, die Nächte unter den Zeltbahnen noch grauenhafter. Und da, wo einst vor wenigen Tagen noch vollzählige Kompanien standen, sind von diesen nur mehr ein bis zwei Dutzend Mann übriggeblieben.

Immer heftiger werden die Angriffe, immer aussichtsloser die Lage der Württemberger, und längst stand fest, daß der Angriff gegen den Hauptgipfel des Monte Grappa undurchführbar war.

»Am frühen Morgen des 31. Dezember rücken Reserven in die links von uns klaffende Lücke ein ... die Führung entschließt sich ... die Front etwa 2 km nach Norden zurückzunehmen. Bis in die späten Nachtstunden des 1. Januar 1918 halten die Gebirgsschützen bei bitterer Kälte die Stellungen auf Pallone und Tomba. Zwei der Tapfersten fallen noch in letzter

Wegszenerien der Anmarschrouten für den Monte Asalone, 1917 (»Brücke Vanini«).

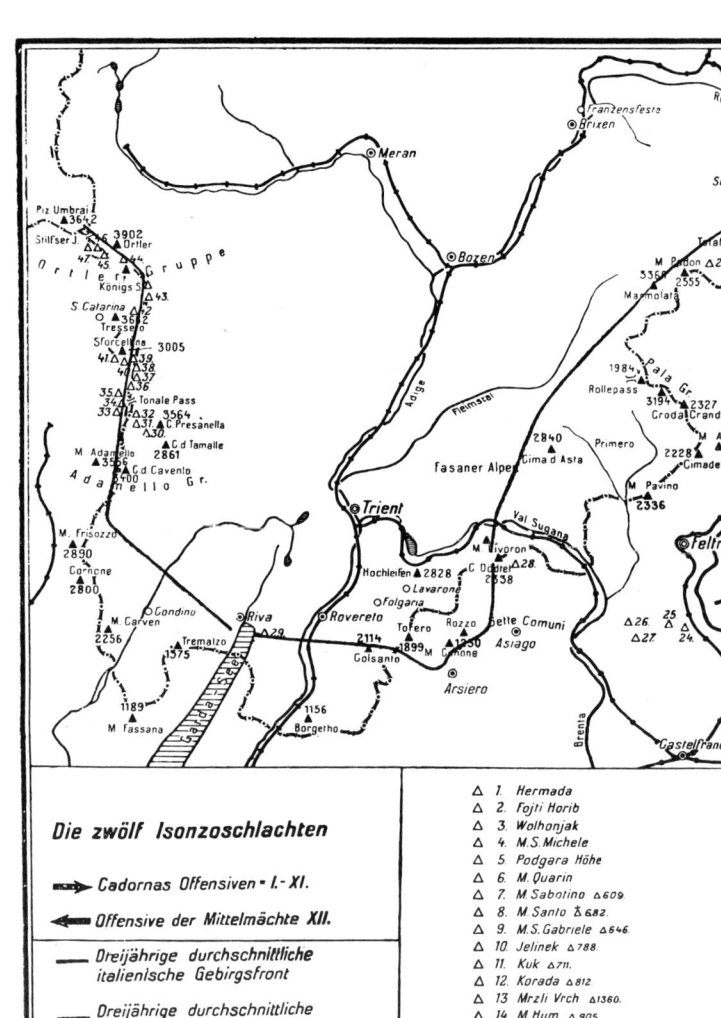

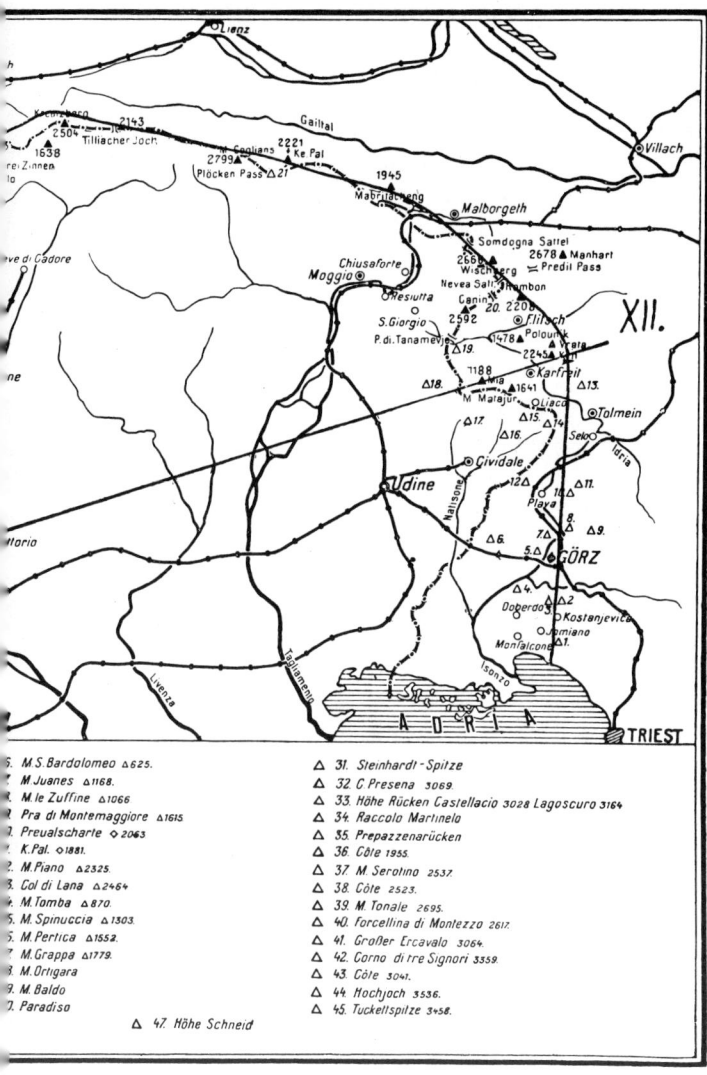

6. *M S. Bardolomeo* ∆625.
7. *M Juanes* ∆1168.
8. *M. le Zuffine* ∆1066
9. *Pra di Montemaggiore* ∆1615
10. *Preualscharte* ◇2063
11. *K.Pal.* ◇1881.
12. *M.Piano* ∆2325.
13. *Col di Lana* ∆2464
14. *M.Tomba* ∆870.
15. *M.Spinuccia* ∆1303.
16. *M.Pertica* ∆1552.
17. *M.Grappa* ∆1779.
18. *M.Ortigara*
19. *M.Baldo*
20. *Paradiso*

∆ 47. *Höhe Schneid*

∆ 31. *Steinhardt - Spitze*
∆ 32. *C.Presena* 3069.
∆ 33. *Höhe Rücken Castellacio* 3028 *Lagoscuro* 3164
∆ 34. *Raccolo Martinelo*
∆ 35. *Prepazzenarücken*
∆ 36. *Côte* 1955.
∆ 37. *M. Serotina* 2537.
∆ 38. *Côte* 2523.
∆ 39. *M. Tonale* 2695.
∆ 40. *forcellina di Montezzo* 2617.
∆ 41. *Großer Ercavalo* 3064.
∆ 42. *Corno di tre Signori* 3359.
∆ 43. *Côte* 3041.
∆ 44. *Hochjoch* 3536.
∆ 45. *Tuckettspitze* 3458.

Die zwölf Isonzoschlachten mit Stoßrichtung der 12. (Schräglinie!); die Signaturen I.–XI. (1.–11. Isonzoschlacht) und der Verlauf der hochalpinen Frontlinie 15–18.

Erwin Rommel – das Antlitz eines Menschen sagt mehr als tausend Worte ...

Minute auf vorgeschobenem MG-Posten: Der Unteroffizier Morlok und der Schütze Scheidel ... Kurz vor Mitternacht trifft die Abteilung Rommel, die Nachhut des Württembergischen Gebirgsbataillones, mit den beiden Gefallenen bei Alano ein und rückt dann still über die Totenfelder von Campo und Quero den Piave aufwärts« (Rommel: »Infanterie greift an«).

Der Weg von den Julischen Alpen bis zum Monte Grappa war für Rommel und seine Kameraden beendet.

Niemand von seinen damaligen Kameraden konnte erahnen, daß unter den rückwärts gehenden Männern des Bataillones ein Gebirgsschützenoffizier ging, der ein paar Jahrzehnte später als einer der größten und fairsten Feldherren in die Geschichte Deutschlands eingehen würde. Geachtet von Freund und Feind, von seinen eigenen Generälen jedoch verkannt – von der politischen Führung seines Staates, für den er alles gab, kaltblütig ermordet ...

K. k. Oberleutnant Otto Kroutil – ein Augenzeuge berichtet:
Von Flitsch–Tolmein bis zum Monte-Grappa-Massiv

Weit, blutig und grauenvoll war dieser historische Weg von den Julischen Alpen, von den stillen Wassern des Isonzo bis zur Felsenbastion der Berge vom Monte Grappa und Monte Asalone. Fast 60 Jahre liegt dieses Geschehen zurück. Über die Details der Offensive informieren zahlreiche Quellen – vom persönlichen Soldaten-Tagebuch bis zur offiziellen Feldakte (auf Kompanie- wie auf Korpsebene). Aber Daten, Fakten, Kommentare können n i e ein kulturgeschichtliches und menschliches Bild der Ereignisse im Krieg zeichnen. D a s kann nur der Mensch, der dabei war, der mitten drin stand. Als Militärhistoriker messe ich diesem Faktor der Geschichtsforschung größte, übergeordnete Bedeutung bei: Was waren das für Menschen, die dort kämpften? Wo kamen sie her, wie dachten und fühlten sie damals – wie denken sie heute über die Kampfhandlungen nach einer Zeitspanne von mehr als einem halben Jahrhundert? Und was geschah konkret, wie war es wirklich …?

Nun, so danke ich meinem Freund Otto Kroutil, dem ehemaligen K. k. Oberleutnant, der für dieses Buch die nachfolgenden Zeilen verfaßte und mit seinem Herzen nochmals in jene längst verklungenen Zeiten der kaiserlichen Armeen zurückkehrte. Otto Kroutils Worte vermitteln ein ergreifendes Bild. Dieses Bild möge an das Ende meines Buches den unbedingt notwendigen Akzent menschlicher Nachdenklichkeit setzen. –

»Im Jahre 1914 – als der Erste Weltkrieg ausbrach –
war ich Schüler in der siebten, der letzten Klasse, der
K. k. Staatsoberrealschule von Görz. Jedermann
wollte damals schnell in den Krieg, denn man war der
Meinung, er könne ohnedies nicht lange dauern – und
da wollte jeder noch dabei gewesen sein. Im April 1915
war es dann soweit für mich: Ich legte zwei Monate
früher die Maturaprüfung ab und meldete mich freiwillig. Ich war gerade 18 Jahre alt geworden, wurde
zum Landwehr-Infanterieregiment Nr. 27 assentiert
und rückte somit zum Ersatzbataillon, das in Laibach
(Krain) lag, ein.

Am 1. Mai 1915 wurden dann alle Einjährig-Freiwil-
ligen aus den Verbänden des III. Korps herausgeholt
und besuchten in Friesach die ›Einjährigenschule‹.
Von dort gingen wir nach drei Monaten als Korporäle
oder Zugsführer zu den einzelnen Regimentern ab. Ich
kam zum XV. Marschbataillon, welches zur Ergän-
zung des am Rombon- und Krn-Massiv liegenden Regimentes diente. Meine ersten Kriegsweihnachten
verbrachte ich dort in Stellung. Kurz danach ging unser Bataillon an die hochalpine, tiefverschneite
Kärntnerfront ab, wo wir bis Mai 1916 blieben. Anschließend wurde das Bataillon nach Südtirol verlegt
und wurde dort in Auer für den Angriff auf Asiago ge-
trimmt. Der Einsatz erfolgte so, daß das I. Bataillon
den Angriff am 3. Juni 1916 gegen den Monte Cengio,
besetzt von einer italienischen Grenadierbrigade,
vornahm. Neben unserem Bataillon war noch ein Bataillon der Salzburger ›Rainer‹ eingesetzt. Der Sturm
gelang.

Damals hatte ich noch keine Angstgefühle, es war

wie auf dem Exerzierfeld: Der Trompeter blies das Sturmsignal, wir schrien ›Hurra‹ und dann gings los mit gefälltem Bajonett. Hernach waren wir immerhin stolz, es geschafft zu haben. Ich möchte hier noch zum Ausdruck bringen, daß wir ein rein slowenisches Regiment waren; die Kommandosprache wahr wohl Deutsch, es wurde aber nur Slowenisch gesprochen. Es waren prachtvolle Leute, ziemlich viel junges Volk, wir vertrugen uns recht gut.

Durch die Brussilow-Offensive kam das Regiment nach Galizien. Von hier ging es gegen Ende August 1916 zurück an die Italienfront: In den Abschnitt des Ternowaner Waldes bei Görz, also Isonzo-Front. Die Stadt war gerade von den Italienern erobert worden. –

Im Sommer 1917 erhielt ich eine Kommandierung zur 10. Armee nach Villach, und zwar zur Armeetelegrafenschule. Ich konnte mir nichts darunter vorstellen, aber ich ging mit meinem Diener -- als Leutnant hatte ich einen solchen – und erfuhr, was es mit diesem Kurs auf sich hatte: Es war eine nachrichtendienstliche Abteilung, eine sogenannte Abhörstation. Mit umfangreichen Apparaten konnte man feindliche Gespräche abhören. Nachdem ich nun Italienisch sprach, wollte man mich bei dieser Abteilung haben. Meine Abteilung bestand aus einem Kommandanten – der war ich – und drei Mann Besatzung mit einem Zugsführer oder Korporal. Die Soldaten waren meistens Trentiner. Mit diesem Haufen rückte ich ins Flitscher Becken ab.

Nach Abschluß des Kurses, erhielt ich den Befehl, mich beim Brigadekommando ›Golubar Planina‹ zu melden. Mehr nicht, es war mir überlassen, den Weg dorthin selbst zu suchen und zu finden. Ich mußte mich nur am festgelegten Tag dort melden. Nun machten wir uns auf den Weg – mein Pfeifendeckel Albert, der unser Gepäck trug und auch ich mit einem Rucksack bewaffnet. Mit der Bahn gings zuerst bis Tarvis-Raibl, dann zu Fuß weiter. Nächste Nacht zogen wir über die Flitscher Klause bis Soca, dort erfuhren wir vom Quartiermeister den Standort der Brigade. Wir mußten nachts marschieren, das Gebiet war vom Gegner eingesehen und bei Tag konnte sich hier niemand sehen lassen: Die Italiener schossen sofort mit Artillerie, wenn ›sich Bewegung‹ zeigte. Nun gings nach ›Golubar‹ steil bergauf, ohne Tragtiere – sowas gabs erst nach der Schlacht, da hatte ich deren sechs. Stundenlang gingen wir durch Wälder und völlig zerschossene Gegend. In ›Golubar‹ erhielt ich den Befehl: ›Sie melden sich bei Hauptmann Rojnik, 13. Hochgebirgskompanie auf Vrsic.‹ So zogen wir nach kurzer Rast und frugalem Frühstück weiter. Wir waren ja Soldaten, verdammt jung und ich war einige Monate vorher Zwanzig geworden. Was frug man damals. Befehl ist Befehl und wir waren gewohnt, zu gehorchen. Golubar ist ein Plateau, nach einigen Viertelstunden Marsch gings abwärts in ein Defilee, dort entdeckte ich eine Materialseilbahn mit der Tafel ›Fahrt verboten‹ und so machten wir uns eben auf den Weg, den Vrsic zu Fuß zu erklimmen.

Zu diesem Vrsic nun einige Anmerkungen: In Villach war bekannt, daß er der letzte Ausläufer des Krn-Massives sei, stetig belagert und immer feindlichem Beschuß ausgesetzt – doch hatte ich allen diesen Gerüchten wenig Interesse entgegengebracht.

So – nun lag er also da, der Vrsic – fast kerzengerade so schien er mir und nahezu unersteiglich. Teilweise war er mit Leitern versehen, ursprünglich wurde alles hinaufgetragen. Erst durch den Bau der Materialseilbahn konnte man den Berg halten – waren doch etwa 100 Mann auf diesem Gipfel und den benachbarten Stützpunkten. Ich weiß heute nicht mehr, wie lange wir brauchten, um in die Stellung zu gelangen – aber wir schafften es doch und nun war ich oben auf diesem verfluchten Berg. Ich meldete mich beim Chef, Hauptmann Rojnik, aktiver Offizier aus Krain – Slowene –, der die Gegend sehr gut kannte. Ich kann mich erinnern, daß er sich freute, mich Slowenisch sprechen zu hören. Trotzdem ich Deutscher war, kam ich mit den Slowenen besonders gut aus, ich kannte ihre Mentalität, ich sang ihre so schönen Lieder. Dazu kam noch, daß ich einen Leutnant – ehemaliger Mitschüler aus Görz – traf. Sofort erhielt ich eine Bleibe in einer Kaverne, denn im Freien konnte man auf diesem Berg nicht existieren – alles wurde von den Italienern beschossen. In den Kavernen baute man Nischen aus, in denen in kleinen Holzbuden die Mannschaften und Offiziere lagen. Diese kleinen Unterkünfte waren recht angenehm und nach damaligen Begriffen sogar wohnlich.

Vor allem aber waren sie schußsicher. Hatten wir keinen Dienst, so lagen wir in den Buden, spielten Schach oder Karten, manche lasen – ja es gab sogar einen, der studierte! Ich hatte mir einen vollkommen verwahrlosten Hund angelacht, um den sich niemand kümmerte. Ich war von zuhause aus an Hunde gewöhnt und so übernahm ich die Funktion eines Hundevaters, wir wurden gute Freunde. Als die Stunde des Abschieds kam, mußte ich ihn zurück lassen, er wurde in einer Bude angehängt. Seinen Blick werde ich nie vergessen, es war ein Abschied für immer, ich sah ihn nie mehr. –

Nach kurzer Zeit gewöhnte ich mich ein und fing gleichzeitig an, die Station auszubauen. Ich erhielt einen Raum – ›Eingang streng verboten‹ –, in welchem ich die Apparate aufbaute.

Noch einige Worte zu meiner Mannschaft: Ich hatte einen Zugsführer, der stammte aus Flensburg, war aber Österreicher; mein Pfeifendeckel aber war in Berlin aufgewachsen. Korporal Benesch war Tscheche, die drei Soldaten waren Slowenen. Zusätzlich hatte ich noch drei Dolmetscher aus Südtirol und aus Dalmatien. Insgesamt waren wir an die 10 Mann und sprachen abwechselnd Deutsch und Slowenisch, mit den Italienern natürlich Italienisch. Aber wir hatten alle die gleiche Uniform – es gab keinerlei Streit zwischen uns – denn wir hatten alle den gleichen Hunger, Durst und die gleichen Sorgen ums Überleben. Meinen Wein und meine Zigaretten gab ich meinen Leuten. Wir waren eben Kameraden, bei denen es kaum ein hartes Wort gab. Jeder tat das, was befohlen war und einiges darüber hinaus. So waren wir zufrieden und warteten der Dinge, die sich da zusammenbrauten.

Und es ging bald los: Die Italiener wußten natürlich, daß irgend etwas in der Luft lag und versuchten einige Male, in die ›Festung‹ am Vrsic einzudringen. Zuerst kam immer schwerer Beschuß, dann versuchten sie, einen der Unseren zu fassen, um etwas über die Pläne unserer Heeresleitung zu erfahren. Wäre es gelungen, so hätten sie nicht viel erfahren, denn wir wußten auch nicht allzuviel. Nur ich – aber ich hielt mich natürlich an den ergangenen Geheimbefehl. Sicher – es sickerte manches durch – aber viel wußte kaum jemand.

Dies änderte sich schlagartig: Eines Tages erschien Oberleutnant Albin Mlakar – ein Slowene – jener legendäre Mann, der den Gipfel des Cimone sprengte. Er war Träger des Leopoldordens, den er entgegen der Gepflogenheit der anderen Offiziere, immer trug. Immerhin hatte er als Oberleutnant diesen Orden – den sonst nur hohe Truppenführer erhielten – somit war Mlakar ein angesehener Mann. Auf einmal rührte sich der Berg, Maschinen kamen, Material wurde heraufbefördert und unter größten Vorsichtsmaßnahmen ging – die Bohrerei – los!

Eines Tages war es dann wieder einmal soweit: Die Italiener beschossen uns stark, die Kavernen wurden eilends mit Sandsäcken verbarrikadiert – es war dies nötig, um nicht ausgeräuchert zu werden – und wir standen hinter den Sandsäcken schwerbewaffnet. Tatsächlich überrannten uns die Italiener, konnten aber dennoch nicht viel ausrichten. Sie zerschossen unsere Telefonleitungen, allein unser optisches Signalsystem funktionierte: Wir konnten dem Brigadekommando Kenntnis von der Situation geben. Die Folge war ein Schrapnellfeuerwerk, in kurzer Zeit war der Spuk zu Ende. Unseren ›Sieg‹ begossen wir mit ›Etappensäure‹ ganz ausgiebig. Weiters ereignete sich nichts, nur der Stollenbau ging weiter. Es bestand der Plan, die italienischen Stellungen in die Luft zu sprengen, dann in den Sprengkrater zu stürmen und von hier weiter in die italienischen Stellungssysteme einzudringen. Der Stollen wurde immer länger und länger, einige Male ging ich mit Mlakar hinein. Der Stollen war etwa 150 cm hoch und gleich breit. Nur zwei Mann konnten gleichzeitig Löcher bohren, dann Dynamit einlagern und sprengen. Bis danach der Rauch und die Sprenggase abzogen, verging einige Zeit, dann aber wurde unverzüglich weitergebohrt. Ich erinnere mich, daß sich einmal die Männer, die dran waren, weigerten. Mlakar machte kurzen Prozeß, zog die Pistole (ohne zu schießen) und ging dann als dritter Mann hinein. Die Italiener wußten natürlich, daß etwas im Gange war und hatten Gegenmaßnahmen ergriffen: Sie bauten einen Gegenstollen, hatten auch Erfolg und drückten unseren Stollen ab. Mlakar aber hatte dies vorausgesehen, ließ Seitenstollen ziehen und störte dadurch wieder die Italiener.

Durch all diese Maßnahmen war uns nun endgültig klar geworden, daß ein großer Schlag geführt werden sollte. Details allerdings waren nicht bekannt, letztlich handelte es sich um Latrinengerüchte. Aber: Es kamen höhere Offiziere – ›Flaschengrüne‹ – Generalstäbler und verhandelten mit unserem Hauptmann. Es gab Offiziersbesprechungen, was alles zu geschehen sei – wir aber wußten, daß es nun bald losgehen würde. Zusätzlich kamen Sturmtruppenleute, Pioniere und Sappeure – mit einem Wort: Auf unserem Berg wurde es ungemütlich. Der Platzmangel machte sich fühlbar, wir teilten unsere Betten, das Essen wurde knapp – wir hatten ja nur eine Seilbahn, alles mußte mühsam herangeschafft werden.

Wenn ich so zurückdenke, kann ich nicht begreifen, daß alle diese Widerwärtigkeiten von unseren Leuten mit dem größten Gleichmut ertragen wurden. Es wurde wohl vom ›preklet hudic‹ – verfluchter Teufel, Erleichterung herbeigesehnt – aber alles ging seinen Gang.

Wir warteten eben der Dinge, die da vor uns lagen ...

Eines Tages – es war der 23. oder 22. Oktober 1917, wurde offiziell bekannt, daß wir marschieren werden – ja, marschieren –, wenn uns der Italiener dies gestatten würde. Denn auch bei diesen waren sehr gute Leute, die ihre Obliegenheiten genauso gut versahen, wie wir auch. Nur hatten sie es besser als wir: Und ich bin heute der Meinung, daß unser damaliger Gegner kaum unter den armseligen Verhältnissen, die wir hatten, soviel Erfolg gehabt hätte. Wie armselig wir dran waren – das stellten wir nach dem Abzug der Italiener fest – anhand des vorgefundenen Proviants und ihrer umfangreichen Ausrüstung ...

Außer dem Sappeur-Oberleutnant Mlakar hatten wir noch einen Pionieroffizier in der Stellung: Es war ein Ungar amerikanischer Staatszugehörigkeit, der vom Krieg in Ungarn überrascht wurde und sich freiwillig auf diesen vorgeschobenen Posten meldete.

Der Vrsic mußte um jeden Preis gehalten werden – hätten uns die Italiener hinuntergeworfen, so wäre dieser Frontabschnitt zusammengebrochen. Unaufhörlich wurden große Mengen Sprengstoff in den Stollen gebracht und eingelagert. Am Abend des 23. Oktober gab es eine furchtbare Explosion: Man hatte sogenannte gestreckte Ladungen hergestellt – mehrere Meter lange Stangen mit einigen Dosen Ekrasit. Diese gestreckten Ladungen warf man unter die gegnerischen Drahthindernisse, um diese zu sprengen. Diese Dinger lagen nun in der Kaverne herum, keiner beachtete sie und obwohl rauchen strengstens verboten war, hielt sich keiner daran. Es konnte nicht festgestellt werden, wer der Unglücksrabe war – allein es gab sehr viele Verletzte – die Wirkung war grauenhaft.

Als dann am Tag des großen Durchbruches die italienische Vrsic-Stellung gesprengt wurde, stand ich neben Mlakar, als dieser den Hebel drückte. Grauenhafte Gefühle erfüllten uns, wir meinten, jetzt geht es den Berg hinunter, es war wie ein Erdbeben, dann folgte unerhörtes Getöse. All dies spielte sich natürlich in den Kavernen ab, denn draußen war es ungemütlich – unsere Artillerie schoß aus allen Rohren – es war ein Höllenspektakel. Die Besatzung hatte nun den Befehl, aus den Ausgängen nach der Sprengung herauszuspringen und den Krater zu besetzen. Der Gegner aber hatte rechtzeitig Maßnahmen getroffen, unsere Leute wurden mit mörderischem Sperrfeuer zugedeckt. Dazu wütete ein schrecklicher Schneesturm, der jedwede Sicht nahm. Man hörte zunächst nichts, aber wir sahen Lichter und Signale im Tal, gelegentlich ließen Wolkenlücken den Blick frei und wir stellten fest, daß am Eingang ins Flitscher Becken irgend etwas los war. Daraus schlossen wir, daß die Truppen doch vorwärts gekommen seien. Die Stimmung war erst recht flau, hob sich und als dann noch die Telefonleitungen geflickt waren, erfuhren wir, daß der Durchbruch geglückt sei: Hochstimmung herrschte und man rüstete sich für den Abmarsch. So verging die Nacht, es graute langsam, aber immer noch versperrte dichtes Schneetreiben die Sicht.

Auf einmal ging die Sonne auf, da hieß es, daß die Italiener weg seien und nichts wie heraus aus den Löchern und auf die Spitze des Berges. Der Anblick, den der Krater – an der Stelle der italienischen Stellungen bot – war grauenvoll ... Es gab keine Gegenwehr mehr. Der Gegner war abgezogen. Nun ging alles schnell weiter, ich rief meine Kameraden zusammen und wir gingen mit meinem Diener Albert und meinen Kameraden los.

Uns angeschlossen hatte sich der Artilleriebeobachter mit seinem Anhang, wir machten Witze und waren voller Zuversicht. Die Sonne war aufgegangen, ich sagte noch – ›Die Sonne von Austerlitz‹ – kein Wölkchen mehr trübte den Himmel, wir waren restlos glücklich.

Kein Schuß, völlige Stille. Der Artillerieleutnant ging etwas seitlich hinter mir – irgend einer rief, ›Achtung nichts aufheben‹ – da plötzlich ein schwerer Knall, jählings drehte ich mich um –, da lag der Artillerieleutnant in seinem Blute am Boden, er röchelte noch. Ein schrecklicher Anblick, wir waren ja vom Karst her einiges gewöhnt, aber hier war alles umsonst: Die Brust zerfetzt, die Augen ausgelaufen, die Finger der rechten Hand fehlten. Eine italienische Handgranate, die der Leutnant aufgehoben hatte, war in seiner Hand explodiert – ausgerechnet in der eines Artilleristen. Vermutlich hatte er die Sicherung ausgelöst – jeden von uns hätte dieses Schicksal ereilen können. Aber so ist das Handwerk im Kriege – seine Leute schafften ihn weg und das Spiel ging weiter. Wir aber vergaßen in der nächsten Viertelstunde. Man soll keine Kriege führen – aber solange wir alle zurückdenken und solange Geschichte geschrieben wurde – war es immer das gleiche: Manche wollen und die anderen müssen.

Nun hasteten wir weiter ins Tal, denn wir wollten ja aus diesem Gebiet endlich heraus und den Erfolg greifen, den wir ja mit eigenen Augen sahen. Wir kamen langsam weiter – bereits begegneten uns die ersten Gefangenen –, in der Ebene ging es dann schneller und als wir im Tal auf der Hauptstraße waren – da gings los. Unübersehbare Haufen kamen, es nahm kein Ende und wir dachten noch, wenn die jetzt Waffen hätten, dann wärs für uns vorbei.

Aber sie dachten gar nicht daran, uns etwas zu tun. Wir taten ihnen ja auch nichts. Für uns war ein Gefangener tabu, er wurde immer gut behandelt. Wir versorgten uns aus den Kriegsgütern, die die Italiener zurückgelassen hatten. Mein Korporal Benesch kam, ›Herr Leitnant, kein Tabak zu finden‹, da rief der Hauptmann Rojnik, gleich links sei ein Lager mit kistenweise Tabak, mit dem berühmten ›Macedonia‹. Nun hatte jeder von unseren Männern Wein, Lebensmittel und Tabak – aber wer sollte all dies schleppen?

Also her mit den Mulis, von denen Hunderte versprengt herumliefen. Die Italiener mußten ja alles im Stich lassen und man kann sich nicht vorstellen, was da alles herumlag. Es war ja die ganze 4. Armee der Italiener in der Retirade: An der Straße lagen Bagagewagen, Kanonen, Pferde, Proviant und Unmassen von Gewehren. Ein trostloser Anblick für die Betroffenen

– und ein unbändiger Genuß für uns – die wir im Augenblick am Siegen waren …

Die Italiener wollten und konnten nach dem Durchbruch nur mehr ihre Haut retten, aber auch das gelang ihnen nur unvollkommen, wie die große Anzahl der Gefangenen rund um Flitsch–Tolmein zeigte. Wir aber wollten uns nicht aufhalten lassen, allein schon deshalb, weil zahlreiche Hindernisse – Hügel, Bergkuppen auf unserem Weg lagen –, wo der Italiener noch wirksam Widerstand leisten konnte. Dies tat er auch, allein unsere Truppen und ihr General Krauß ließen ihm da nicht viel Zeit und gaben ihr Äußerstes her.

Ich selbst befand mich im Verbande der 55. Infanterietruppendivision, und zwar bei der 38. Gebirgsbrigade. Über den Verlauf der ganzen Kampfhandlungen wußte ich damals recht wenig. Erst viel später erfuhren wir, was es alles so gegeben hatte. Damals aber, im Mittelpunkt des Geschehens, sahen wir nur, was sich in unserem Gesichtskreis abspielte und sonst nichts.

Inzwischen hatte sich das Wetter stark verschlechtert, es regnete in Strömen, bald waren wir bis auf die Haut durchnäßt – so wollten wir möglichst rasch aus dem eisigkalt gewordenen Gebirge herauskommen. Die Bäche wurden reißend, man kam kaum durch, obwohl die Pioniere Stege gebaut hatten, reichten diese nicht für das Gros der vorwärts stürmenden Truppe. Brückentrain sah ich keinen und so versuchten wir halt so gut es ging über die reißenden Bäche zu kommen. Ich entsinne mich nicht mehr, an welchem Abend ich plötzlich vor mir Truppen auf Pferden sah. ›Ja ist denn hier schon Kavallerie?‹ Nichts dergleichen, ein Bosniakenbataillon hatte sich Pferde und Mulis requiriert und aufgesessen. Es war ein komischer Anblick, Infanterie auf Pferden, den Rucksack auf dem Buckel, das Gewehr übergehängt, ein Sack mit erbeutetem Proviant links oder rechts herunterhängend. Natürlich alles ohne Sattel. –

Plötzlich Bewegung, unser Brigadier Oberst Graf Zedtwitz sah sich gezwungen festzustellen, daß wir keine Kavallerie waren. Also herunter und Marschdisziplin, es gab ein riesiges Durcheinander. Trotzdem ging es weiter, denn wir hörten von zurückgehenden Verwundeten, daß die letzte Stellung der Italiener sicherlich schon gefallen sei und daß es wohl nicht lange dauern würde, bis wir in der Ebene sein würden.

Nun wurde es aber auch noch sehr kalt. Es war ja Ende Oktober, nach den schweren Regengüssen war mit unseren Mäntelchen und einer einzigen Decke pro Mann nicht viel Staat zu machen. Zeltdecken hatten wir keine – daraus wurden andere Dinge fabriziert – zweckentfremdet würde man heute sagen …

Nun kam der Befehl zur großen Rast. Da hieß es auf einmal, jeder Mann müsse nach Möglichkeit ein Lagerfeuer machen. Später hatten wir dann den Grund dieser Maßnahme erfahren: Man wollte angeblich dem Gegner eine große Anzahl von Truppen vortäuschen. Ob dies der Wahrheit entsprach, konnte ich nie herausbekommen –, aber die Sache lief damals sofort an. Nun saßen wir also an einem Feuer herum wie im Wilden Westen, zu essen und zu trinken war alles vorhanden, also was soll's –, wir waren recht zufrieden, aber von Schlafen war kaum die Rede, denn dazu war es doch zu kalt. Der Korporal Benesch war auf seinen Leutnant gut zu sprechen und machte mit seinem Feldspaten vorsorglich ein großes Loch: ›Weiß ich Herr Leitnant, was ist netig, war ich 1914 in Galizien, werden Loch machen. Glut hinanilegen und Rasenziegel drauf und werden Herr Leitnant sähen wie gut schlafen.‹

Nun wir schliefen recht gut und nächsten Tag gings wieder ganz früh los. Auf den Straßen und Wegen gab es immer wieder Bewegung, Männer kamen zurück und andere hasteten nach vorne. Artillerie wurde vorgezogen, aber sonst sahen wir nichts. Wir wußten nur, daß es weiter geht und ehe es wir bemerkten, erreichten wir auch schon die Ebene. Es war in der Nähe von Tarcento, es regnete wieder und wieder, wir waren naß bis auf die Haut, jeden Tag gab es dasselbe: Quartier suchen – nur war dies in Friaul kein Problem und meine eigenen Leute fühlten sich sehr wohl, soweit es Italiener waren. Was aber in ihren Herzen vorging, das wußte nur Gott, denn es waren ja doch ihre Landsleute, die so furchtbar geschlagen worden waren. Aber keiner ließ sich etwas anmerken, in meiner Abteilung sprach man Slowenisch, Italienisch und Deutsch, wie es halt notwendig war. ›Herr Leutnant ich melde gehorsamst‹ und dann plapperte jeder wie sein Schnabel gewachsen war. Trotzdem gab es nie auch nur den geringsten Ärger, mein Diener war ja Berliner, mit dem schönen Namen Psenička, sein Vater war nach Berlin in jungen Jahren ausgewandert und sein Sohn mußte halt zu den Österreichern. Aber alle vertrugen sich glänzend, und mein Diener aus Berlin hieß entweder Signore Professore oder Gospodin Professor – er trug nämlich einen Zwicker und dieser trug ihm diese Bezeichnung ein.

In der Nähe von Tarcento war ich einmal in einem Pfarrerhaus einquartiert. Der Padre hatte nicht viel oder er wollte uns nichts geben, aber ich hatte mit ihm eine sehr nette Unterhaltung. Es wurde nicht geplündert, es geschahen auch sonst keine üblen Dinge und wir waren friedliche Menschen, die keinem etwas zuleide taten. In dieser Gegend gab es auch ein Schloß, welches einem Grafen Attemis gehörte. Wir besuchten dieses Schloß und stellten fest, daß da einige Raudis gehaust hatten. Ein recht großer Spiegel in einem Salon war zertrümmert. Der Kastellan sagte mir, ein Coloniali – so nannten die Italiener unsere Bosniaken – hätte ihn zerschlagen, vermutlich war er von seinem Anblick verärgert und hatte seinem Unmut freien Lauf gegeben.

›Non avete da mangiare‹ frug ich den Kastellan. Wir wollten ja zahlen, natürlich mit Zettel, scheinbar aber hatte er zu unserem ›Bargeld‹ kein Zutrauen und meinte, ein paar Äpfel seien im Speicher. Und tatsächlich gab es dort eine ganze Menge dieser Früchte, wir durften welche mitnehmen. Ich wollte mit ›Zettel‹ bezahlen, aber der Kastellan lehnte ab.

Wann hatte ich wohl frisches Obst gesehen oder gar gegessen, es war köstlich ...

Wie so oft bei Kriegshandlungen, gab es auch damals Versprengte. Ich hatte Zuwachs in einem Leutnant der 7er und einem Soldaten, diese beiden schlossen

wiederum mit unseren Leuten Freundschaft und da
waren wir eine ganz schöne Gesellschaft beinander.
Der Leutnant war ein Dresdner, mich verband große
Freundschaft mit ihm. Er sächselte nämlich, diese
Sprache gefiel uns und da ich geschichtlich recht gut
bewandert war und die Sachsen mit den Österreichern
fast immer Halbe-Halbe machten, vertrug ich mich
auch im Krieg mit ihm glänzend.

Nun waren wir also 12 Mann, die Apparate wurden
immer schwerer – je weiter der Vormarsch ging und so
beschlossen wir, uns eine Kalesche zu organisieren
und hochherrschaftlich saßen wir darauf: Mein
Freund von den 7ern im Fond – sage und schreibe
6 Muli zogen dieses Gefährt: Alles war aufgeladen, die
Mannschaft trug lediglich das Gewehr, denn schließlich waren wir ja im Feindesland – aber uns wollte
keiner was. Die Bevölkerung war ruhig, sie hatten
wohl Angst – wir aber konnten mit ihnen Italienisch
sprechen und so ging alles großartig.
    So kamen wir also glücklich bis an den Tagliamen-
to, wo zunächst Schluß war. Es ging nicht weiter, die
Italiener hinderten uns am Übergang und zwangen
uns, vorerst Quartier zu suchen. Angesichts der vielen
Truppenmassen, die ähnlich uns am Tagliamento
nicht mehr weiterkamen, war dies allerdings nicht
sehr einfach.
    So lagen wir nun zwei Kilometer weiter östlich des
Flusses, der wohl viel Wasser hatte, aber unserer Meinung nach wohl zu bezwingen sein müßte. Aber was
hatten wir da zu befehlen? Uns ging's gut, der Feind
war weit weg. Ich ging täglich zum Brigadekommando

– andererseits aber wollte ich auch nicht zu sehr auf-
fallen –, denn weiß Gott, was die wohl vorhaben
könnten. Und sie hatten vor, denn auf einmal hieß es,
der Fluß ist bezwungen – es gab eine großartige Schie-
ßerei in den letzten Tagen – und dann hieß es, über
eine Brücke, den Fluß zu überqueren. Dank der Pioniere kamen wir gut darüber, mit Hallo und Schwung!

Wir waren ja 12 Mann, die recht zupacken konnten.
So, nun waren wir also drüben und vor uns, hinter uns,
um uns, wälzte sich ein endloser Heerwurm von
Truppen weiter in das italienische Tiefland hinein.
Weiß Gott, wo die alle herkamen, für uns war dies ein-
fach unfaßbar.

Sogar Bosniaken-Artillerie sahen wir in allernächster Nähe – mit erbeuteten italienischen Geschützen
und mit italienischer Bespannung, die ebenfalls irgendwo erbeutet und gleich komplett mitgenommen
wurde. Es war eine Batterie mit vier Geschützen,
Protzen, also ganz vollständig. Ich frug einen der
Männer, einen baumlangen Bosniaken, ob sie was
damit anfangen können. Er aber war gekränkt und
meinte, ob man denn ›so etwas, solche Trümmer,
wohl zum Spaß mitziehen würde‹ …

Das Wetter, das sich in den letzten Tagen wieder
besserte, war erneut extrem schlecht geworden. Unaufhörlich trommelte auf uns der Regen hernieder, ich
wurde krank, bekam Fieber. Aber um keinen Preis
wollte ich den Sanitätsfähnrich in nächster Nähe an-
sprechen. Hätte er mich doch sicherlich zurückge-
schickt. Ich aber wollte mit meinen Kameraden nach
Verona und an die Etsch, ja in Gedanken waren wir

schon an der Grenze zum Tessin angelangt. So weit reichten unsere Wünsche und Hoffnungen.

So kamen wir bei strömendem Regen nach Codroipo und bogen vor diesem Ort in Richtung Gebirge ab. Wir machten betroffene Gesichter – hatten wir vom Gebirge doch gerade genug gesehen und erlebt. Scheinbar gab es dort noch italienische Truppen, die von Norden nach Süden sich zurückzogen und die sollten wir im Verbande der 55. Division unter Feldmarschalleutnant Schwarzenberg abfangen. Besonders dafür ausersehen war unsere 38. Brigade. Von Norden her drängten aber auch unsere Truppen und stürmten gegen erhebliche Truppenmassen der Italiener, die sich noch im Gebirge befanden und die unaufhörlich in Gefangenschaft gehen mußten.

Jahre später erfuhr ich, daß mein Jugendfreund, ein Alpini-Leutnant, diesem Schicksal unterlag. Er schilderte mir, daß sie tagelang nichts zu essen hatten, daß sie ohne Munition in einer aussichtslosen Situation waren. Und so mußten sie die Waffen, die ihnen ja nichts mehr nützen konnten, strecken.

Noch eine rührende Begebenheit ist mir in Erinnerung geblieben: Wir standen an der Straße und ließen die italienischen Kolonnen vorübermarschieren, da wurde ich plötzlich angerufen – ›Otto, Otto‹ – einer meiner Jugendfreunde (ich bin ja in einem italienisch-sprechenden Teil der Donaumonarchie aufgewachsen) hatte mich erkannt und angerufen. Es war aber für mich nicht möglich, ihn zu stoppen und so ging der Freund am Freund vorbei. –

Natürlich hatte ich ihn erkannt.

Inzwischen wurde es Nachmittag, wir zogen weiter und schließlich machte die Division Quartier. Wir suchten uns Häuser, von denen es jede Menge gab, meistenteils verlassen – ich erinnere mich, auch nicht einen einzigen Zivilisten gesehen zu haben. Angesichts der Schwere des Durchbruches waren sie alle geflüchtet. Dabei hätten sie von uns eigentlich nichts zu fürchten gehabt, denn soweit ich in unserer Division die Befehle kannte, war es strikte verboten, zu plündern oder etwa gar die Bevölkerung zu belästigen. Von Gewaltanwendung war mir nichts bekannt. Mir wenigstens ist nur ein einziger Fall bei der 38. Brigade bekannt geworden und der wurde, das versteht sich am Rande, geahndet.

Nun hatten wir unser Quartier und Freund bzw. Korporal Benesch (›Kapral Benesch‹) ging auf Proviantsuche. Wir waren ja ein selbständiger ›Verein‹, keiner wollte uns was, so lange wir am marschieren waren, denn wir konnten ja nur im Stellungskrieg eingesetzt werden. So hatten wir niemanden, der für uns sorgte und somit mußten wir uns auch selbst ›bedienen‹. Nun kam Korporal Benesch nach kurzer Zeit mit einem kapitalen Truthahn zurück, mit der Meldung: ›Hab ich ihm ein Stück Holz in die Haxn geschmissn und dann hat er nicht laufen kennen weg und hat sich ergeben!‹

Er wurde gebraten, allerdings ohne Salz, was mir wiederum überhaupt nicht schmeckte.

Zu trinken gab es nur Wasser, aber zum Schlafen Betten mit Türkenblättern [Maisblätter; Anm. d. V.] und da wollten wir uns gütlich tun. Es regnete unaufhörlich, wir saßen noch beim Lichte einiger Kerzen beisammen und grad gemütlich wars: Der Leutnant Kroutil hatte noch einige Kerzenstumpen und diese Eigenschaft begleitet mich auch heute noch, wenn ich auf Urlaub fahre.

Es muß schon sehr spät gewesen sein, ich lag im Bett, im Raum stand selbstverständlich ein Posten mit schußbereitem Gewehr – auf einmal großes Poltern an der Tür: ›Aufmachen‹, dazu noch ›Aprire‹ – nanu wer will denn was, wir waren sofort hellwach – meine Leute, jeder sein entsichertes Gewehr in der Hand, ich zog meine 7/12 Automatische, zog durch. Wir meinten zunächst, die Italiener wären irgendwie durchgebrochen. Wenn dem so gewesen wäre – viel Chancen hätten wir nicht gehabt. Aber es waren deutsche Soldaten mit Offizieren – ältere Herren, ich war damals gerade Zwanzig geworden. Ich konnte nicht erkennen, welche Charge der deutsche Offizier hatte, aber er stellte sich als Hauptmann vor. Ich nun: ›Leutnant Kroutil 55. Infanteriedivision, 38. Brigade Oberst Graf Zedtwitz, Nachrichtenabteilung.‹ Ja mein Lieber, meinte nun der deutsche Offizier, das Gebiet ist seiner Truppe zugewiesen worden, und damit alle Möglichkeiten, Quartier zu besorgen und ich müsse räumen. Diesen gesprächsweise ausgesprochenen Befehl aber verstanden meine Leute – ich war trotzdem geneigt, dem Befehl eines höheren Offiziers Folge zu leisten – fand plötzlich Schneid und konterte. Wir wären hier und nichts könne uns veranlassen, das Haus zu räumen. Heute kann ich sagen, daß es rührend war, wie jeder meiner Leute mit dem Gewehr – ›fertig‹ dastand. Die Gewehre hatten sie ja schon vorher in den

Händen, aber ›fertig‹ war nun einmal wirklich ›fertig‹
Der Herr Hauptmann hatte ein Einsehen und wir
waren die Herren der Situation. Über meinen ›Sieg‹
war ich erfreut, zu verdanken hatte ich ihn aber meinen Leuten – ich hätte mein Gesicht verloren.

Am nächsten Tag ging es weiter in die Gegend von
Belluno, hier bogen wir links ab und schließlich zogen
wir nach Feltre. Da wußten wir dann, wohin es ging –
also nicht nach Norden, sondern nach Süden. Dennoch aber ahnten wir, daß uns letzten Endes das Gebirge wieder bevorstehen würde. Aber wenn die Brigade marschierte, dann marschierten wir eben mit. In
Feltre angelangt, bezog der Quartiermeister für das
Brigadekommando das Palazzo Barbera. Hier befahl
mir nun Hauptmann Steyrer, der Stabschef des Grafen
Zedtwitz, in der Nähe zu bleiben, er hätte möglicher-
weise eine besondere Verwendung für mich.

Inzwischen wurde das Kommando nach Quero verlegt, einen kleinen Ort nördlich des Monta Tomba.
Der Tomba – das ›Grab‹ – war der nordöstliche Ausläufer des Höhenzuges Brenta–Piave und die letzte
Rettung des Gegners und unsere Bosniaken hatten
den Höhenzug angegriffen.
Eines Tages wußten wir nun, ›Engländer‹ sind da.
Sie lagen auch auf dem Tomba und das hieß ›Halt‹. Der
Vormarsch war meiner Meinung zu langsam erfolgt,
auch hatten wir große Ausfälle, die nicht ergänzt werden konnten, der Nachschub kam nicht, wenig Munition, die schwere Artillerie war nirgends zu sehen und
mit ein Paar Handgranaten konnte man nichts aus-

richten. Wesentlich aber war nun, daß der Gegner sich sagen mußte ›bis hierher und nicht weiter‹. Sie kämpften verbissen und ließen sich nicht werfen.

Wenn ich an den Sturm auf den Monte Asalone [Nachbargipfel des Monte Grappa; Anm. d. V.] denke, dann kommt mir heute noch das Grauen. Die paar Mann ohne Nachschub, ohne Munition, ohne Verpflegung – wohin hätten die noch gehen sollen. Aber so ist es halt im Krieg: Einige Zeit geht es und dann ist alles aus … Die 38. Brigade ging nun in Stellung und zwar auf Casa Bonato (Monte Asalone), dort wurde eine Bude für den Brigadier gebaut und eine für die Telefonabteilung, deren Kommandant ich war. Die Situation war flau, der Angriff gegen den Monte Asalone wurde befohlen. Wir kamen wohl hinauf, ich war direkt nicht am Sturm beteiligt. Dafür mußte ich für die Telefonverbindung sorgen – kein angenehmer Auftrag, denn wir mußten auch bei Beschuß die Leitungen flicken, die fortwährend zerschossen wurden. Zu dieser Zeit ist mein guter Freund aus Dresden gefallen. Ich war ganz in der Nähe, man rief mich, und ich konnte ihm noch die Augen zudrücken. Es war grausig – alles voller Blut, ein schrecklicher Anblick.

Im Handumdrehen hatten ihm seine Leute die immerhin noch guten Bergschuhe ausgezogen, so sehr waren wir an Schuhen knapp und auch die Bluse, die allerdings voll Blut war, zog man ihm herunter. Seine Utensilien, Notizblock, ein Ring, seine Uhr und Habseligkeiten, die jeder junge Mensch bei sich trägt, verstaute ich in meiner Ledertasche. Ich sandte diese Dinge an seine Eltern nach Dresden, sie kamen auch

an und ich erhielt einen sehr traurigen Brief seiner
Mutter. –

Eines weiß ich noch: Die Hose, die man ihm aus-
ziehen wollte – die blieb ihm. Ich werde die Situation
nie vergessen. Aber ich war trotz meiner Jugend solche Anblicke gewöhnt.

Im Jahre 1919, also nach dem Kriege, sah ich den
französischen Film ›J'accuse‹ [›Ich klage an‹] – seit
damals gibt es dennoch immer wieder dasselbe und
auch Abrüstungskonferenzen – geändert hat sich seit
dem Jahre 1918 nichts.

Unser Brigadekommando baute sich auf Casa Bonato
am Monte Asalone ein. In die Stellungen wurde Bau-
material geschafft, um den Männern in Eis und
Schnee den Aufenthalt im grauenhaften Winter einigermaßen erträglich zu machen. Uns allen war nun
klargeworden, daß es nicht mehr weiter ging. Wir
standen wieder festgerannt, die Italiener hielten die
Front eisern und wir waren viel zu schwach, um Ent-
scheidendes unternehmen zu können. Die Front fror
regelrecht ein.

Der Alltag des Stellungskrieges hatte sich wieder
eingestellt mit allen Nöten und mit all dem Kummer.
Uns aber fehlte es an allem. Anscheinend gab es
Schwierigkeiten mit dem Nachschub und so fanden
wir uns ab. Es war wie vor wenigen Wochen am Vrsic,
nur daß dort die Stellungen im Gegensatz zu hier
komfortabel waren. Nicht umsonst ist am Vrsic jahre-
lang gebaut worden. Nach Weihnachten 1917 wurde
die 38. Brigade abgelöst, ich mußte noch einige Tage
in Stellung bleiben, weil das Telefonnetz zu überge-

ben war. Dann aber nichts wie ins Tal: Ich erinnere mich, daß es sprungweise ging, so schnell wie möglich wollte ich dieser Hölle entrinnen. Denn der Gegner schoß mit schwerer Artillerie tagelang auf die Zufahrtswege. Aber endlich konnte ich dieser Schlucht des Grauens entrinnen. Der Zufahrtsweg war so eng, daß Mulis, die einander begegneten, nicht aneinander vorbei konnten. So wurden die Lasten abgenommen, die Tiere aneinander vorbeigeführt und wieder beladen. Die Mulitreiber waren ältere Bosniaken, die mit einem Gleichmut sondergleichen ihren so schweren Dienst versahen. Es war oft rührend, sich mit ihnen zu unterhalten – und ich tat dies oft, da ich ihre Sprache einigermaßen beherrschte. An der Brücke Vanini im Brentatal erwartete mich der Gig des Brigadekommandanten; er hatte mir dies versprochen. Dann kutschierte ich ins Retablierungslager in die Gegend von Fonzaso. Von hier ging es auf Urlaub. Nach Beendigung des Urlaubs ging es wieder in das Gebiet zwischen Brenta und Piave, und zwar am Monte Pertica. Und wieder Stellungskrieg bis Juni 1918, zu unserer letzten Offensive des alten Österreich-Ungarn. Doch bei dieser letzten Offensive stellten wir fest, daß der Gegner unsere Bereitschaftsstellungen *vor* unserem eigenen Trommelfeuer zu beschießen anfing. Aus war es. – Am Col Orso erwischte es mich, ich kam ins Lazarett, über Innsbruck gings nach Ungarn. Mit dem letzten Zug aus Ungarn kam ich nach Graz ins Garnisonsspital Eggenberg. Der Krieg war – nicht nur für mich – in diesen Tagen des November 1918 zu Ende« (K. k. Oberleutnant Otto Kroutil).

– – –

Am Monte Grappa, seinen nächsten Nachbargipfeln und Kammverläufen – vom Monte Tomba bis zum Monte Asalone – entschied sich alles. Die Rollen des Schicksals wurden endgültig verteilt, die Karten im Spiel der Geschichte für Verlierer oder Sieger ausgegeben. Die Last des Vormarsches von Flitsch–Tolmein aber trugen die Mannschaften und ihre vorwiegend jungen Offiziere. Die Kadetten, die Fähnriche, Leutnants, Oberleutnants, Offiziere im Hauptmannsrang: sie standen am Pulsschlag der Front: Österreicher, Ungarn, Slowenen, Tschechen, Kroaten, Bosniaken, Juden, Innerösterreicher, Tiroler, Württemberger, Preußen, Bayern, Deutsche. – Nur die Erinnerung ist geblieben!

Bei *wem, wo,* bei *welchem* Volk? Wofür habt *Ihr alle* gelitten? Die *Ehre Eures Tuns* – die kann *Euch niemand nehmen*: Vom *Vrsic* über *Matajur* bis zu den Bergen um den *Monte Grappa* singt der Bergwind: »Weißt Du noch, Kamerad ..., weißt Du noch ›Kapral‹?«

Dir, lieber Freund Otto Kroutil, dankt der Verfasser dieser Zeilen dafür, daß Du für uns im Buch der Geschichte geblättert hast. –

Das Ende 1918 an der italienischen Front

Das Grauen des Winters 1917/18 deckte die Soldaten an der Front gegen Italien zu. Aber noch einmal standen die Männer der alten kaiserlichen Armee der Donaumonarchie ihren Mann. Vom Ortler bis zum Piave hielt die Kette der Menschen. In den Feldwachen auf fast 4000 m Höhe tobte der arktische Sturm, am Grappa deckte der Schnee wie ein Leichentuch Freund und Feind zu. Am Piave erstickte alles im Schlamm, im Dreck, im Regen.

In den Stellungen entlang des Flusses stand das Wasser hüfthoch. Der Typhus, die Ruhr lichteten die Reihen der Verteidiger. Und dort, wo noch vor wenigen Wochen Optimismus herrschte, lag lähmendes Schweigen über den grauen Kolonnen.

Im Sommer 1918 rückte der Feind, unterstützt von zahlreichen Divisionen seiner Alliierten, an. Aber diesmal war das Kriegsglück nicht mehr auf der Seite der Donaumonarchie. Die Piaveschlacht 1918 leitete direkt über zum Untergang des alten Österreich.

So wurde der Piave zum Schicksalsfluß. Vom Monte Grappa aber begannen italienische Einheiten, im Herbst 1918, die österreichisch-ungarische Front aufzurollen. In den ersten Novembertagen war alles entschieden. Die Rollen für Glück und Unglück, für Sieg oder Niederlage wurden verteilt. Kein Weg führte mehr zurück. Die alten Reiche wurden zerschlagen, ihre Verteidiger kehrten müde heim. Doch die Heimat war nicht mehr das, was sie noch vier Jahre vorher war ...

Epilog

Keine Worte vermögen jene Spanne zu durchmessen, die Erwin Rommel in seinem Soldaten- und Feldherrnleben durchmessen mußte. War sein Schicksal ein typisches Soldatenschicksal? Oder war sein Schicksal ein typisches *deutsches* Soldatenschicksal? Oder ist es das Schicksal des Soldaten, nach Ableistung seiner Schuld geschmäht zu werden!?

Nun, wie immer man es beurteilen mag: Erwin Rommel war in erster Linie deutscher und, allem voran, vaterländischer Offizier. Diese seine Grundgesinnung – Herkunft, Erbe und Weltkrieg-I-Erfahrung entsprechend – lag unsichtbar über seinem gesamten Leben. Auch und vor allem dann später als Feldherr am Höhepunkt seines militärischen Lebens. Kein Diktator, kein Ideologe, kein Regime konnte an der charakterlichen Substanz eines solchen Mannes einwirken. Die Menschlichkeit, Fairneß und Ritterlichkeit Rommels sind identisch mit den Eigenschaften der anderen, namenlosen Kameraden aus den Reihen der alten kaiserlichen Armeen Österreich-Ungarns und des Deutschen Reiches. Ob Preußen, Galizier, Böhmerländer, Tschechen, Alpenländer, Süddeutsche, Mecklenburger, Pommern, Württemberger: Sie vereinigte ein Band der Ehre und Unbeugsamkeit, das heute für viele Menschen ein fremder Begriff ist.

Im Augenblick der weltgeschichtlichen Entscheidung – als die Mörder Hitlers kamen –, zog Rommel die Konsequenzen in diesem Sinn. Hitler glaubte, alles kaufen zu können. Die Ehre eines alten kaiserlichen und deutschen Offiziers aber war nicht käuflich.

Literaturverzeichnis

Alfred Krauß: Das Wunder von Karfreit; Lehmanns Verlag, 1926.

Oberstleutnant Rommel: Infanterie greift an; Ludwig Voggenreiter Verlag, Potsdam 1937.

Ronald Lewin: Rommel; W. Kohlhammer Verlag, 1969.

Albert Reich/Prof. Dr. Karl Reich: Gegen Italien mit dem Deutschen Alpenkorps; München 1923.

Erwin Rommel: Krieg ohne Haß; Heidenheimer Verlagsanstalt, 1950.

Fritz Weber: Das Ende der alten Armee, Verlag »Das Bergland-Buch«, Salzburg 1959.

Desmond Young: Rommel; Limes Verlag, Wiesbaden 1959.

Ferner liegen diesem Werk ausgedehnte Quellen aus dem Fundus des »Gebirgskriegarchivs Lichem« zugrunde.

Bildnachweis

Umschlagbild: Nach einem Gemälde von W. Willrich. Entnommen einer VDA-Postkarte »Generalmajor Rommel – Kommandeur einer Panzer-Division«.

Seite 17: Dr. Manfred Rommel, Oberbürgermeister von Stuttgart.

Seiten 18–24; 41–42; 240: SV-Bilderdienst.

Seite 154 unten: Manfred Sailer, Mannheim.

Seiten 117, 120, 153, 155, 193–195, 214, 216, 217, 219, 237: Otto Kroutil, München.

Seite 43: Entnommen aus »Die 12. Schlacht am Isonzo« von A. Hübner, Wien 1918.

Seiten 158/159: Entnommen aus »Das Wunder von Karfreit« von A. Krauß. Lehmanns Verlag, München 1926.

Seiten 238/239: Karte »Oberst Herman Czant«, 1926.

Alle anderen Abbildungen: »Gebirgskriegarchiv Lichem«.